BIBLIOTHECA AUCTORUM
TRADUCTORUM ET SCRIPTORUM
ORDINIS CISTERCIENSIS

IV

Ontmoetingen met Lutgart van Tongeren,
benedictines en cisterciënzerin
(1182 - 1246 - 1996)

ONTMOETINGEN MET LUTGART VAN TONGEREN,
BENEDICTINES EN CISTERCIËNZERIN (1182 - 1246 - 1996)


DEEL 7

VLAAMSE LUTGARTKUNST

NA DE TWEEDE WERELDOORLOG


GUIDO HENDRIX

BIBLIOTHEEK VAN DE
FACULTEIT GODGELEERDHEID

LEUVEN
1999

Afbeelding op de kaft:
Batik van Wiltrud Kupzyk-Dericum


ISBN: 90-73683-35-1


Typografie: Ariane Titeca

# INLEIDING

Rond Lutgart is er in de negentiende eeuw hier en daar deining geweest die beweging, mettertijd Beweging is geworden.

In de eerstvolgende decennia is deze Beweging in essentie religieus geweest, met een parallelle stroming bij de Franstalige Belgen. De Lutgartkunst die toen ontstaan is, was in hoofdzaak door de *Vita Lutgardis* geïnspireerde kunst, dus Lutgarticonografie. Ze wordt behandeld in het tweede deel van onze Lutgart-iconografie, *Van Belgische sainte Lutgarde naar Vlaamse Sint Lutgart,* het vervolgdeel op *Iconografie van Portugal tot Polen.*[1]

Mettertijd komen andere, niet-religieuze elementen er bij, gaat preciezer gezegd de Vlaamse symboliek dermate overwegen, dat het religieuze op de achtergrond geraakt: Lutgarticonografie wordt Lutgartkunst.

Deze Vlaamse Lutgartkunst brengen we samen in een overzicht dat veel brengt, maar waarvan we weten dat het lang niet alles brengt. Parallel met dit overzicht schetsen we het Rijke Roomse Leven waarin deze deemstering van iconografie naar kunst heeft kunnen plaatsvinden. Onder de talrijke illustraties zijn die van glasramen om technische en financiële redenen in de minderheid.

[1] HENDRIX G., *Ontmoetingen met Lutgart van Tongeren.* Deel 1: *Iconografie van Portugal tot Polen.* Leuven 1996.

BIJ DE KAFTILLUSTRATIE

De Vlaamse Toeristenbond (V.T.B.), die reeds in 1967 een Lutgart-
tentoonstelling had georganiseerd en met verscheidene glasramen
had bijgedragen tot de verfraaiing van het Lutgartheiligdom in
Tongeren, greep het eeuwfeestjaar 1982 aan om een grote Lutgart-
prijskamp te organiseren. In de rubriek *Plastische kunsten* van het
tijdschrift *Vlaanderen* werd die als volgt aangekondigd:

> De Vlaamse Toeristenbond organiseert een Prijskamp voor schilderkunst
> met Sint-Lutgart als onderwerp (40.000, 30.000, 20.000 en 10.000 fr.).
> Inzending uiterlijk 1 september 1982. Maximum twee werken onder
> kenspreuk of nummer. Proclamatie op 2 oktober.[1]

Ingewacht werden kunstwerken met een "herkenbare Lutgart",
d.w.z. herkenbaar aan haar kloosterhabijt, aan de uitgebeelde
episode uit haar leven.

Houden we vast aan de iconografische themata van de *Vita
Lutgardis*[2] – dan zijn de volgende inzendingen voor de V.T.B.-
prijskamp 1982, geen getuigen van de Lutgarticonografie noch van
de Lutgartkunst:[3] het schilderij *Sint-Lutgart patrones van Vlaanderen*
van Ronie de Brouwer uit Grâce-Hologne; het schilderij *Sint-
Lutgart* van Jan de Brabandere uit Gent; het schilderij *Sint-Lutgart*
van Godfried Theunynck uit Esen-Diksmuide; het schilderij *Sint-
Lutgart Schutsvrouwe van Vlaanderen* van W. Geldof-De Vree uit
Boom; het schilderij *Sint-Lutgart* van N. De Vos uit Sint-Martens-
Latem; het schilderij *Sint-Lutgart, volksheilige* van Jacques Riera uit
Roeselare-Haringe; de ikoon *Verering van de lijkwade van Turijn
door Sint-Lutgart* van J. Dockx-Platteau uit Heide-Kalmthout; de
drie schilderijen *Sint-Lutgart* door Leonie van der Heyden uit Sint-

---

[1] *Vlaanderen* 30, 1981, nr 184 p. 290.

[2] Zoals uiteengezet in HENDRIX G., *Iconografie van Portugal tot Polen...*, p. 1-24.

[3] Deze beoordeling geldt ook voor de Lutgarttekening van de Turnhoutse
kunstschilder Leo Lewi die ongetwijfeld een expressief, karaktervol vrouwengelaat
biedt; voor de kaftillustratie van Th. MERTON, *What are these wounds? The life of
a Cistercian mystic Saint Lutgarde of Aywières* (Milwaukee 1950) en voor de
kaftillustratie van de Nederlandse vertaling van dit boek door Maria Theunen, *De
roep der wonden* (Antwerpen z.j.).

Truiden, en het driehoekige schilderij *Schaduw in de schaduw zijn* door Magda Francot-Joosten uit Antwerpen.

Bovendien moest de inzending "Vlaamse symboolwaarde" hebben.[4]

Drieënvijftig deelnemers zonden in totaal meer dan honderd werken in waarvan er zevenentwintig werden geselecteerd voor de tentoonstelling in de V.T.B.-Studio De Braekeleer in Antwerpen. Het lot van de overgrote meerderheid van deze inzendingen is ons onbekend. Een aantal werken zijn in privébezit gekomen, vaker nog zijn ze bij de kunstenaar gebleven die er om welke reden dan ook niet kan van scheiden. Gelukkigerwijze zijn een niet gering aantal van de inzendingen, in de eerste plaats van de bekroonde inzendingen, fotografisch vastgelegd.[5]

*Limburg en zijn heilige* is een voor bekroning en tentoonstelling geselecteerde batik[6] op Japans papier van Wiltrud Kupzyk-Dericum, tweede laureate.[7] Zij woonde toentertijd in Eupen. In het dagblad *Grenz-Echo* van 9 november 1980 had een artikel gestaan, *VTB ruft Flandren zum St.-Lutgardisjarhre 1982 auf* en was op 16 juni 1981 een vrij uitvoerig artikel over de V.T.B.-wedstrijd verschenen.

Batik impliceert herhaling. Op negen horizontale rijen dezelfde molen, dezelfde toren, hetzelfde kerkgebouw enz.. Voor erf en heem kennende Limburgers alle of enkele herkenbaar: de Kempen met Bokrijk, Borgloon, het refugiehuis van Herkenrode te Hasselt, Sint-Truiden, Tongeren, Limburgse mijnen...

Bijna in het midden van het doek twee figuren in unisex kleding wat stijfjes rechtopstaande. De met respectievelijk doornen- en

---

[4] GERITS J., *Suksesrijke Sint-Lutgartprijskamp van de V.T.B.* in *Sint Lutgart Schutsvrouwe van Vlaanderen* 25, 1983, p. 12-13.

[5] Fotomateriaal in het bezit van Pastoor emeritus H. Waterschoot, voorzitter van de Gilde van Sint Lutgart, of in het Archief van de Lutgartgilde, bewaard ten huize van Juffrouw Lutgart Dosfel te Dendermonde.

[6] Afm.: h 70 x b 50 cm.

[7] PIRSON L., *Wiltrud Kupezyk-Tericum* in *Sint Lutgart Schutsvrouwe van Vlaanderen* 25/4, 1983, p. 17-20. Lees Kupzyk in plaats van Kupezyk. Op p. 19 afbeelding van de batik.

verkilt tot lichtblauw. Uit alle richtingen kijkt Limburg naar de twee figuren in het bijna-centrum, de twee be-rijken Limburg.

Doornenkroon, aureool, kruis, kerktorens... het minimum aan religieuze symboliek. Attributen van de Lutgarticonografie of door de *Vita Lutgardis* geïnspireerde taferelen zijn er niet langer bij. In de tweede helft van de twintigste eeuw worden ze — indien nog — gebracht in combinatie met andere, Vlaamse symboliek en geleidelijk aan hieraan totaal ondergeschikt.

De accenten verschuiven van Vlaamse heilige naar heilige Vlaamse. De inhoud van *heilige* wordt een *distant echo*.

# INHOUD

## HERKOMST VAN DE FOTO'S

2 & 5:    Dominique Ostyn, Lommel.
12 & 18:  KADOC, Leuven.
23:    W. Borrenbergen, Antwerpen.
34:    Peter Stuijk, Diksmuide.

# BIBLIOGRAFIE

*Almanak (...) voor de leerende jeugd van Vlaanderen, uitgegeven onder de Bescherming van Sinte Luitgaarde, Patronesse der Vlaamsche taal en letterkunde.* 1875.

BOETS J., *Guido Gezelle. Spreuken en gezegden.* Antwerpen 1993.

BOLLEN R., *Lutgart van Tongeren en haar heiligdom.* Tongeren 1996, derde uitgave.

BORMANS J.H., *Het leven van Sinte Lutgardis, een diedsch gedicht, ten laetste van de tweede helft der XIXe eeuw, naar het oorspronkelijk handschrift van Broeder Geraert* in *De Dietsche Warande* 3, 1857, p. 36-67, 132-165 en 285-322; 4, 1858, 155-170 en 267-302; ook als overdruk Amsterdam 1858.

BUSSELS A., *In memoriam Kardinaal J.E. Van Roey* in *Sint Lutgart Schutsvrouwe van Vlaanderen* 5, 1961, p. 17-19.

BUSSELS A., *Het Sint-Lutgartheiligdom te Tongeren.* Z.pl. [Antwerpen] 1965 (*Vlaamse Toeristische Bibliotheek,* 53).

BUSSELS A., *De Gilde van Sinte Luitgaarde van 1874-1878 en de verering van Sint Lutgart* in *Sint Lutgart Patrones van Vlaanderen.* Tentoonstelling Brugge, Monasterium C.S.S.R. Katelijnestraat 105, 17 - 25 augustus 1974. Kataloog door A. DEBOUTTE C.S.S.R. met bijdragen van Am. BUSSELS O.C.S.O. en Drs. G. HENDRIX. Z.pl. [Brugge] 1974, p. 9-33; p. 11; eveneens in DEBOUTTE A., *Studies over de heilige Lutgart.* Brussel 1996.

CALLEWAERT L.J., [schema van sermoen] in *Sint Lutgart Schutsvrouwe van Vlaanderen* 1988/1, p. 11.

DEBOUTTE A., *Redemptoristen schreven over de H. Lutgart.* Leuven 1965 (*Bibliotheca Alfonsiana*); eveneens in ID., *Studies over de heilige Lutgart...* 2e tekst.

DEBOUTTE A., *Sint Lutgart in de IJzertoren* in *Sint Lutgart Schutsvrouwe van Vlaanderen* 10, 1967, p. 5-7.

DEBOUTTE A., *St. Lutgart te Essen* in *Sint Lutgart Schutsvrouwe van Vlaanderen* 29, 1987, p. 12.

DEBOUTTE A., *Sint Lutgart in de 7de Albrecht Rodenbachstoet (Roeselare, 22 september 1991)* in *Sint Lutgart Schutsvrouwe van Vlaanderen* 34, 1992/1, p. 3-7.

DEBOUTTE A., *Studies over de heilige Lutgart*. Brussel 1996.

DE BRUYNE A., *Lodewijk Dosfel 1881-1925. Kultuurflamingant - aktivist - nationalist*. Wilrijk 1967 (*Bibliotheca belgica - Nederlandse Bibliotheek*, 1).

DEMEDTS A., *Hugo Verriest en de Blauwvoeterij. Verantwoording* in *De groote stooringe...*, p. 63-84.

DOSFEL A., *Sinte Lutgart en de Vlaamse kunstenaars. Bert Peleman* in *Sint Lutgart Schutsvrouwe van Vlaanderen* 9, 1965, p. 6-8.

DOSFEL Lodewijk, *Schets van eene geschiedenis der Vlaamsche Studentenbeweging*. Gent 1924.

*Dr. J. Goossenaerts 1882-1963*. Getuigenissen en studies, door M. HANOT in opdracht van de "Stichting Dr. Jozef Goossenaerts" verzameld en uitgegeven. Gent 1973.

ELIAS H.J., *Geschiedenis van de Vlaamse Gedachte 1780-1914*. Derde deel: *Verwezenlijkingen en ontgoochelingen. De scheiding der wegen 1860-1883*. Antwerpen 1964. — Vierde deel: *Taalbeweging en cultuurflamingantisme. De groei van het Vlaamse bewustzijn 1883-1914*. Antwerpen 1965.

*Geloof en kunst in het bisdom Gent. Een selectie van hedendaagse religieuze kunstwerken*. [Gent 1996].

GERITS J., *Suksesrijke Sint-Lutgartprijskamp van de V.T.B.* in *Sint Lutgart Schutsvrouwe van Vlaanderen* 25, 1983, p. 12-13.

*Gilde van Sinte Luitgaarde. Handelingen van de Eerste Vergadering der werkende leden*. Brugge 1875.

*De Groote Stooringe 1875. Historische bijdrage tot de geschiedenis van de Vlaamse Studentenbeweging*. Z. pl., [1975].

HENDRIX G., *Ontmoetingen met Lutgart van Tongeren*. Deel 1: *Iconografie van Portugal tot Polen*. Leuven 1996.

HENDRIX G., *Omtrent het Kopenhaagse Leven van Lutgart...* Leuven 1997 (*Ontmoetingen met Lutgart van Tongeren...*, 4).

HENDRIX G., *Jeugd en benedictijnse periode van Lutgart, Vlaamse heilige die de Franse taal niet wilde kennen*. Leuven 1999 (*Ontmoetingen met Lutgart van Tongeren*, 6).

*Herdenkingsbrochure Vlaamse Kring St.-Lutgardis. Grembergen 1919-1979*. Grembergen 1979.

HESSMANN P., *De briefwisseling Bormans-Gezelle* in *Gezelliana* 1, 1970, p. 28-48.

HOSTE A., *1246-1996 Sint-Lutgart*. Werken 1995.

MONBALIU L., *Ratte Vyncke* [Roeselare 1974].

NUYENS J.A., *Pater L.J. Callewaert. Met woord en daad in liefde*. Mortsel 1969.

PIRSON L., *Astrid Candries-Van Lierop uit O.-L.-Vrouw-Waver* in *Sint Lutgart Schutsvrouwe van Vlaanderen* 25, 1983, p. 13-16.

PIRSON L., *Wiltrud Kupezyk-Tericum* in *Sint Lutgart Schutsvrouwe van Vlaanderen* 25/4, 1983, p. 17-20.

PIRSON L., *Sint-Lutgart en de Vlaamse kunstenaars. De roep der wonden. Glazenier zuster Lucia Helchtermans Groot-Bijgaarden* in *Sint Lutgart Schutsvrouwe van Vlaanderen* 27, 1985, nr 4, p. 13-15.

PIRSON L., *Voorstelling van kunstschilder Edgard Van der Herten uit Zandvliet* in *Sint Lutgart Schutsvrouwe van Vlaanderen* 25, 1983, p. 13-16.

RODENBACH F., *Albrecht Rodenbach en de Blauwvoeterij. Met de verzameling zijner voordrachten, artikels, nota's, oorkonden en allerhande onuitgegeven wetenswaardigheden in dicht en ondicht, betreffend kunst, taal en Vlaamschen kamp*. Deel 1: *In het gesticht van Roeselare*. Amsterdam 1909.

ROSSEELS M., *Heilig worden: nonsens? Lutgart en de moderne mens* in *De Standaard*, 11 juni 1959; eveneens in *Sint Lutgart Schutsvrouwe van Vlaanderen* 30, 1988, p. 1-5.

ROSSEELS M., *Vrouwen in licht en schaduw* (Antwerpen z.j.).

*Sinte-Lutgart-jaar 1182-1982. Tentoonstelling in Kultureel Centrum te Affligem 24-25 april, 1-2 mei, 8-9 mei 1982*. [Hekelgem 1982].

VAN CAMPENHOUT F., *Leven en werk van Omar Waegeman*. Antwerpen 1989.

VAN CAMPENHOUT J., *Enkele herinneringen aan het AKVS in het college van het Eucharistisch Hart te Essen in de jaren 1926-1932* in *A.K.V.S.-Schriften* 29, november 1994.

VAN DEN HEUVEL J.G.M., LARBOUILLAT J. & ZAMAN L., *Parochieboek van Sint-Antonius abt te Heist-aan-Zee*. Roeselare

1998; titel op de papierwikkel: *1188-1998. Coudekerke - Heist-aan-Zee. Visserskapel "Ster der zee". Sint Antoniusparochie. Voorgangers en geroepenen*.

VAN DER STRAETEN Em. (ps. van DELRUE E.), *Lutgart herderin van 't Vlaamsche Volk*. 1947.

VANDEWEYER L., *Kiezen tussen Kardinaal en Kaiser. Vlaamse katholieke activisten tijdens de Eerste Wereldoorlog* in *Trajecta* 5, 1996, p. 134-155.

VAN DORPE Betty, *Bij de aflossing van de wacht...* in *Sint Lutgart Schutsvrouwe van Vlaanderen* 34, 1992, p. 1-2.

VAN HEUNINGEN H., *Architect Jos Ritzen 100 jaar geleden geboren* in *Katholiek Nieuwsblad* 13 nr 39, 26.6.1996.

VANLANDSCHOOT R., *De Gilde van Sinte Luitgaarde 1874-1875. Westvlaamse aspecten. Uitgesproken en onuitgesproken verhoudingen tegenover Guido Gezelle* in *Gezellekroniek* 13, 1978, p. 75-116 en 14, 1979, p. 19-64.

VANLANDSCHOOT R., *Joris Lannoo. Drukker en uitgever voor Vlaanderen 1891-1971*. Tielt 1984.

VIAENE A., *Guido Gezelle en de Gilde van Sinte-Luitgaarde* in *Biekorf* 66, 1965, p. 366-384.

WATERSCHOOT H., *Wij gedenken. 1. In memoriam letterkundige Bert Peleman* in *Sint Lutgart Schutsvrouwe van Vlaanderen* 37, 1995, p. 88-92.

WEEMAES R., *Haasdonk Sint-Jacobuskerk en parochieleven 1150-1990*. Beveren 1993.

WILLEMYNS R., *De tweede generatie Westvlaamse particularisten* in *Verslagen en mededelingen van de Koninklijke Academie voor Nederlandse Taal- en Letterkunde* 1995, p. 228-263.

*Zo vierde Dr Jozef Goossenaerts en AKVS het feest van de H. Lutgardis* in *Heemkundige Kring De Oost-Oudburg. Jaarboek* 20, 1983.

# HOOFDSTUK 1

# HET MOSTERDZAADJE VAN J.H. BORMANS
# BIJ GUIDO GEZELLE

De opvatting dat Lutgart geen Frans kende blijkt te berusten op een foutieve interpretatie aan de zijde van Thomas van Cantimpré van Lutgarts voorbeeldig inachtnemen van de voorschriften van de *Regel van Benedictus* met betrekking tot het monastieke *silentium*.[1]

Nu is precies dat niet-kennen van het Frans in de negentiende eeuw een Vlaams uithangbord geworden, dat later nog met schrille tonen uitgebreid werd: zij *wilde* geen Frans leren, zij *kon* geen Frans leren enz. Met iets van het ironisch scepticisme van Pater Stracke willen we een en ander zo formuleren: kent een Euro-ambtenaar na dertig jaar verblijf in België / Vlaanderen weinig of geen Nederlands, dan nemen we hem dat kwalijk; kende Lutgart, na dertig jaar onder Waalse nonnen geleefd te hebben, geen Frans, dan noemt Thomas van Cantimpré dat een wonder en zien anderen daarin een zeer vroege uiting van Vlaamsgezindheid, van cultureel bewustzijn, enz.

In de eerste jaargangen van het tijdschrift *De middelaer* verhaalde de Luikse hoogleraar Jan Hendrik Bormans de ontdekking en de lotgevallen van twee handschriften, waarvan het ene een middelnederlandse vertaling van de *Vita Christinae Mirabilis* en het andere een ditto vertaling van de *Vita Lutgardis* bevatte.[2] In 1850 volgde de editie van het *Leven van Kerstine*. In schril contrast tot deze luxueuze editie staat Bormans' bescheiden editie van *Het leven van Sinte Lutgardis, een diedsch gedicht, ten laetste van de tweede helft der XIXe eeuw, naar het oorspronkelijk handschrift van Broeder Geraert,* in opeenvolgende afleveringen van het tijdschrift *De Dietsche Warande*.[3]

---

[1] HENDRIX G., *Jeugd en benedictijnse periode van Lutgart, Vlaamse heilige die de Franse taal niet wilde kennen.* Leuven 1999 (*Ontmoetingen met Lutgart van Tongeren...*, 6).

[2] HENDRIX G., *Omtrent het Kopenhaagse Leven van Lutgart...* Leuven 1997 (*Ontmoetingen met Lutgart van Tongeren...*, 4), Hoofdstuk 1, afdeling 1.12: *De ontdekkingen van Jan Hendrik Bormans*, p. 4-9.

[3] *De Dietsche Warande* 3, 1857, p. 36-67, 132-165 en 285-322; 4, 1858, 155-170 en 267-302. Ook als overdruk verschenen: Amsterdam 1858.

In een voetnoot bij de tekstuitgave van het *Leven van Lutgart* schreef de leek Bormans:

> De zonderlinge dankzegging van vs. 37 aen Maria, alsmede vs. 49-50, staen gansch op 's Dichters rekening, die ook het waelsch (of misschien de Franschen?) niet zeer gunstig schijnt geweest te zijn. Op geene andere plaets voegt hij zoo veel van 't zijne er bij, en alles hier geldt het waelsch. Lutgardis had ook eene bijzondere reden om die tael niet te willen leeren; maer zij hield toch ook buitendien meer van en aen het Dietsch, als blijkt uit B. I vs. 850-857. *Ik doe het voorstel dat wij haer tot patroonersse der dietsche tael en letterkunde verkiezen en midden in onze banier plaetsen!*[4]

Men heeft deze voetnoot geroemd als "het mosterdzaadje van Professor Bormans" en geprezen als "wellicht de meest vruchtbare woorden die Prof. Bormans ooit heeft neergeschreven...". Het mosterdzaadje zou "in de vruchtbare grond van het hart van Guido Gezelle" wortel hebben geschoten "om dan verder door te groeien tot een machtige boom, vertakt over heel Vlaanderen".[5]

Twee vrouwen hebben zich reeds zeer kritisch over de bewuste passus in de *Vita Lutgardis* en de negentiende-eeuwse interpretatie ervan uitgelaten.

Betty Van Dorpe, een Antwerpse historica, schreef onder een betekenisvolle titel:

> De romantiek van de 19de eeuw had de zeer korte en vage vermelding in de Vita, dat Lutgart geen Frans wilde leren, als een heldendaad gezien en als symbool overgenomen, maar uit verdere studie bleek dat ze ons heel wat meer te leren heeft.[6]

Het vereiste vrouwenmoed en de kritische zin van een historica om dát te schrijven in een tijdschrift dat bijna veertig jaar lang eenzijdige verheerlijking van de in de romantiek ontstane Lutgart gepropageerd had, en om de diagnose zo duidelijk te stellen.

---

[4] BORMANS J.H., *Het leven van Sinte Lutgardis...*, p. 157; overdruk p. 56.

[5] BUSSELS A., *De Gilde van Sinte Luitgaarde van 1874-1878 en de verering van Sint Lutgart* in *Sint Lutgart Patrones van Vlaanderen*. Tentoonstelling Brugge, Monasterium C.S.S.R. Katelijnestraat 105, 17 - 25 augustus 1974. Kataloog door A. DEBOUTTE C.S.S.R. met bijdragen van Am. BUSSELS O.C.S.O. en Drs. G. HENDRIX. Z.pl. [Brugge] 1974, p. 9-33; p. 11; eveneens in DEBOUTTE A., *Studies over de heilige Lutgart*. Brussel 1996, 3e tekst.

[6] VAN DORPE Betty, *Bij de aflossing van de wacht...* in *Sint Lutgart Schutsvrouwe van Vlaanderen* 34, 1992, p. 1-2.

Nog scherper is de in 1999 veertig jaar oude beoordeling door Maria Rosseels, het toenmalig boegbeeld van de kritische katholieke intelligentsia in Vlaanderen.[7]

> De Vlaamse romantiekers hebben haar te voorschijn gehaald in dezelfde periode als de Duitsers naar hun heidens verleden terugkeerden: de Vlaamse Beweging, overwegend katoliek georiënteerd, moest een patrones hebben – doch de keuze van Lutgart gebeurde op willekeurige grond: vooreerst omdat ze geen Frans sprak; vervolgens omwille van de etymologische betekenis van haar naam... Het herontdekken van Lutgart mag het toevallig werk van de Vlaamse romantiekers zijn geweest (hoewel ik weiger in zoiets als het toeval te geloven)...[8]

Hoeveel historische waarheid zit er in het romantisch-religieus entoesiasme dat met betrekking tot J.H. Bormans geformuleerd werd? Is dit ten aanzien van Guido Gezelle – aan wie Bormans een gesigneerd exemplaar van de editie had aangeboden – wel allemaal zo? We presenteren het beschikbare materiaal in negen stappen.

1. In de twaalf brieven, die J.H. Bormans tussen 1 augustus 1858 en 15 april 1860 aan Guido Gezelle schreef, is Bormans' "voorstel dat wij haer tot patroonersse der dietsche tael en letterkunde verkiezen" niet één keer besproken.[9]

---

[7] In 1916 geboren te Borgerhout. In 1981 doctor honoris causa van de K.U. Leuven, sedert 1983 lid van de Koninklijke Academie voor Taal en Letterkunde. Haar *Verzameld Proza* verscheen in 1981 bij de Boekengilde De Clauwaert.

[8] ROSSEELS M., *Heilig worden: nonsens? Lutgart en de moderne mens* in *De Standaard* van 11 juni 1959; bijna dertig jaar later, zonder enige verwijzing naar de samenhang waarin ze ontstaan is, overgenomen in het tijdschrift *Sint Lutgart Schutsvrouwe van Vlaanderen* 30, 1988, p. 1-5. – Deze beste hedendaagse apologie van heiligen en hun verering in het algemeen en van Lutgart in het biezonder is geschreven naar aanleiding van twee sermoenen die de toen befaamde predikant en flamingant L.J. Callewaert vermoedelijk in 1959 gehouden heeft. Informatie over de precieze gelegenheid komt niet voor bij NUYENS J.A., *Pater L.J. Callewaert. Met woord en daad in liefde*, Mortsel 1969. Het schema van het eerste sermoen is gepubliceerd in *Sint Lutgart Schutsvrouwe van Vlaanderen* 1988/1, p. 11. Waarom het schema van het tweede sermoen niet in dit tijdschrift gepubliceerd werd, wordt duidelijk bij de lectuur van het vijfde punt van de tweede alinea van Rosseels' tekst. In haar bundel *Vrouwen in licht en schaduw* (Antwerpen z.j.) heeft zij niet over Lutgart geschreven. Met haar artikel in *De Standaard* heeft zij Lutgart wél in hun gezelschap geplaatst. De tekst van Maria Rosseels is apologetisch op een niveau dat de Lutgartverering ver te boven gaat. Haar tekst kan tot nieuwe bezinning leiden.

[9] HESSMANN P., *De briefwisseling Bormans-Gezelle* in *Gezelliana* 1, 1970, p. 28-48.

2. Er kan een notaboekje van vóór 1860 vermeld worden waarin Gezelle aantekende "Vlaamsche Lettergemeenschap, genaamd Gilde van Sinte Lutgardis in 't kleen seminarie".[10]

3. In het tijdschrift *Rond den heerd*, door Guido Gezelle in 1865 opgericht, wordt enkele keren over Lutgart geschreven. A. Bussels heeft de jaargangen 1865-1872 van het tijdschrift doorgenomen "om te speuren wat er over Sint Lutgart gezegd wordt" en komt tot het besluit

> ... valt dat tegen... Uit deze spaarzame vermeldingen van Sint Lutgart... blijkt wel, dat haar patroonschap reeds een verworvenheid is, terwijl men over het leven van Sint Lutgart weinig schijnt te weten.[11]

4. In de jaren 1862-1863 heeft Gezelle het in brieven enkele keren over een *Lutgardisgilde*. A. Bussels bestempelt ze als "iets informeels".[12]

5. De *Gilde van Sinte Luitgaarde* heeft een kortstondig bestaan gekend. Haar eerste algemene vergadering had plaats op 18 augustus 1874; haar vierde en laatste vergadering op 21 augustus 1878. Het hoofddoel van dit Genootschap was "de rechten voorstaan van het West-Vlaamsch in de algemeene Neder-Duitsche Taal". Het was dus een taalparticularistisch genootschap. De leden ervan worden Luitgaardisten, Sint Luitgaarders of Luitgaardemannen genoemd.

Zulke namen suggereren Lutgartverering. Is die er geweest? Om deze vraag te beantwoorden overlopen we (saai maar leerrijk!) de vaak uitvoerige, integraal gepubliceerde notulen van de *Gilde van Sinte Luitgaarde*.[13]

Het verslag *Over de stichting der Gilde en de werkingen van den Raad* door P. Baes, greffier der Gilde, informeert over het ontstaan van deze Gilde:

[10] GEZELLE C., *Zantekoorn*, p. 205. Geciteerd door BUSSELS A., *De Gilde van Sinte Luitgaarde...*, p. 12.

[11] BUSSELS A., *De Gilde van Sinte Luitgaarde...*, p. 13.

[12] BUSSELS A., *De Gilde van Sinte Luitgaarde...*, p. 13.

[13] *Handelingen van de Eerste Vergadering der werkende leden*. Brugge 1875. Gedrukt bij Aimé Dezuttere, in de Potmakersstrate, 90 p. De in de *Handelingen* vermelde personen zijn − afgezien van G. Gezelle, L. De Bo en A. Duclos niet opgenomen in ons *Personenregister*.

... om het meêwerken in Rond den Heerd te verzekeren en de middels van verbetering en verspreiding te bespreken, hebben zij besloten van eene Gilde te stichten voor taal- en oudheid onder kenspreuk Rond den Heerd en onder de bescherming van Sinte Luitgaarde, patroonerse van dietsche Taal en Letterkunde.[14]

Op de Eerste Vergadering werden zeven Verhandelingen voorgebracht.[15] D.G. Meersseman sprak *Over de rechten, van het Westvlaamsch in de algemene Nederduitsche taal* en Leonard De Bo *Over de dialectische woorden en wendingen die burgerrecht in de schrijvende taal verdienen*. De Kortrijkse advokaat Ad. Verriest liet "de Heeren van sinte Luitgaarde te Brugge vergaderd" schriftelijk weten dat hij zijn lezing *Over het muziek door den vlaming beschouwd* niet kon houden. K. De Poortere sprak *Over de lezingen die den Vlaming meest dienen*. De Brugse architect K. Verschelde was niet klaar gekomen met zijn tekst, doch zond die achteraf in: *Over de vlaamsche bouwkunde*. Als volgende spreker kwam H. Claeijs uit Sint-Niklaas aan het woord: *Over het gedicht van Lodewijk De Koninck en over een ontwerp van studie of voordracht, aangaande West-Vlaamsche taal- en dichtkunde*. Priester Adolf Duclos, voorzitter van de *Gilde van Sinte Luitgaarde* en "bewaarder der HH. Reliquien te Brugge", schetste de verwachte *Medewerking der leden*, waarbij Ed. Deckmyn-Dumoulin aansloot met *Over den opstel en de stoffe van Rond den Heerd*. Vervolgens zette ene Callebert zijn gedachten *Over sommige vlaamsche vormen* uiteen en had F. Van de Meulebroucke het over het *Uitgeven van vertellingen en volksliedjes*. Priester G. Flamen had de *sluitrede* over *Koenheid en werkzaamheid* moeten uitspreken, doch "was haastig teruggeroepen geweest voor het uitoefenen zijner priesterlijke bediening". Zijn gepubliceerde tekst eindigt met de zin "God vordere ons en Sinte Luitgaarde, onze beschermster, spreke voor ons ten beste". Als bijlage werd een brief van Guido Gezelle aan de Voorzitter van de Gilde gepubliceerd.

De *Tweede Vergadering der werkende leden* had te Brugge plaats op 1 mei 1876. Erevoorzitter D.G. Meersseman deelde gedachten *Over de eenheid van uitsprake in de vlaamsche taal* mee. L. De Bo verdedigde de thesis *Waarom er geene eloquentie in 't letterkundig Nederlandsch is*. J. Bols hield een rede over *Volksspraak en boekentaal*. H. Claeijs hield opmerkingen *Over gevoel en oorspronkelijkheid* voor. Adolf Duclos had willen spreken *Over de studie der dialecten bij verschillige volkeren*, doch heeft "zijn gedacht niet kunnen uitdruk-

---

[14] *Handelingen van de eerste Vergadering...*, p. 9.
[15] *Handelingen van de eerste Vergadering...*, p. 13-89.

ken, om reden dat de beloofde stukken en inlichtingen hem
ongelukkiglijk nog niet toegekomen waren". F. Van de Meule-
broecke formuleerde *Bemerkingen over den opstel van Rond den
Heerd*. D. Minnaert, de uitgever van de *Gazette van Thielt*, sprak
over *Het schrijven van dagbladeren*. Zijn slotzin luidde:

> Mochte de katholieke vlaamsche drukpers ook ontwaken, leven, groeien,
> bloeien, onder de bescherming van Sinte Luitgaarde en van de
> Koninginne des Hemels, tot meerdere eer en glorie van God!

A. De Leyn, bestierder van 't St. Salvators' gesticht te Brugge, zag
af van zijn lezing *Waarom en op welke wijze men in volksschriften
handelen moet over de heilige en roemweerdige persoonen van 't
Vaderland*. Flamen brak een lans voor *'t Uitgeven van een twee-
maandelijksch tijdschrift voor Taal en Letterkunde*. R. Carette had een
voorstel met betrekking tot *Het verveerdigen eener vlaamsche bloemlezing* waarbij E. De Monie achteraf opmerkingen formuleerde.

Op 20 augustus 1877 had te Brugge de *Derde vergadering der
werkende leden* plaats. Dagbladuitgever Minnaert had het dit keer
*Over 't schrijven van vlaamsche boeken*. Hij eindigde met het voorstel

> dat de Gilde van Ste Luitgaarde, door haar zelve of door haar toedoen,
> goedkope vlaamsche boeken zou verspreiden, die handelen over ernstige
> zaken, boeken die licht zijn voor den geest, voedsel voor het herte,
> boeken die den katholieken Vlaming tot leidsman en tot steune dienen,
> voor nu en later. En toen zal 't waar zijn dat Vlaanderen niet en zal
> verbasteren, niet en zal veranderen.

Vervolgens sprak de reeds genoemde Carette over *'t Verveerdigen
van eene vlaamsche bloemlezing*. Daarna handelde de Brugse letterkundige Julius De Vos over *De meêwerking in gazetten en
tijdschriften*, E. De Monie over *Het opstellen van een boeksken wegens
de spelling, spraakkunst en woordvoeging der middeleeuwsche schrijvers*
en P. Baes over *Het maken van eenen nieuwen vlaamsch-franschen en
fransch-vlaamschen woordenboek*. J. Leemans de Montflin presen-
teerde het wetsontwerp-de Laet *Over het gebruik van het vlaamsch in
bestierlijke zaken* en nodigde de Gildeleden uit een erop betrekking
hebbende motie te ondertekenen.

Voorzitter Ad. Duclos kondigde aan dat hij

> in de volgende weke den Maandag, te Ittre in Braband, waar de
> reliqui'en van onze beschermheilige rusten, misse zou doen, voor de
> levenden en dooden der Gilde.[16]

---

[16] *Handelingen van de derde vergadering...*, p. 43.

Secretaris P. Baes bracht verslag uit over *De werkingen der Gilde sedert de vergadering van 1 Mei 1876*. De zoëven genoemde J. Leemans de Montflin hield een rede over *Het drietal in de vlaamsche beweging, beschouwd op 't drievoudig gebied van Godsdienst, Politiek en Letterkunde*. Voorzitter Duclos zelf sprak over *De Vaderlandsche Geschiedenis onder de penne van de Geuzen*. Pol de Mont las twee gedichten uit zijn bundel *Waarheid en leven* voor. *Over den invloed van het duitsch op de nederlandsche taal* sprak De Carne. Na een divertimento door onderpastoor K. De Ceuninck, *Over de tale der vogelen*, "dat is over de verschillende rijmkens die 't vlaamsche volk de zingende vogels toeschrijft", werd het slotwoord uitgesproken door Hugo Verriest: *Over Vaderlandsliefde*.

De *Handelingen van de vierde vergadering... Brugge, den 21 Oegst 1878* vertonen een zeer gelijkend beeld. Voorzitter Duclos opende de vergadering

> ... in den naam des Vaders, en des Zoons, en des heiligen Geest, ter meerdere eere en glorie Gods, onder de bescherming van Ste Luitgaarde en alle de heiligen zoo bekende als onbekende van Vlaanderen.[17]

Secretaris P. Baes bracht verslag uit waarop voorzitter Duclos nogmaals aan het woord kwam: *Over oude volksgebruiken*. De Gentse schilder A. Walgra(e)ve[18] sprak over *Het uitgeven van boeken, printen, enz.* Hierbij aansluitend herinnerde Duclos aan het voornemen van Hugo Verriest met betrekking tot een "Sint-Aarnoutsgilde[19] met 't gedacht van eene geldkasse te stichten voor het goedkoop uitgeven van vlaamsche leesboeken". Hugo Verriest preciseerde "zulke boeken... die de studie dienstig zijn, b.v. uittreksels uit onze beste schrijvers van vroegeren tijd. Ons doel is het vlaamsch volk te doen herleven...". In deze samenhang heeft de voorzitter

> de leden aangewakkerd om meer en meer de fransche prenten, sanctjes en nieuwjaarbrieven te laten schieten en deze te verspreiden die door christene vlaamsche kunstenaars gemaakt zijn.[20]

Hij vermeldde met name Vrouwe Weduwe Petyt te Brugge, een naam die we nog zullen ontmoeten in het tweede deel van de

---

[17] *Handelingen van de vierde vergadering...*, p. 11-12.

[18] Walgrave volgens de ledenlijst p. 7, Walgraeve volgens de notulen p. 21.

[19] De naam werd later gewijzigd in Sint-Aarnoutsmunte. Zie *Handelingen van de vierde vergadering...*, p. 32.

[20] *Handelingen van de vierde vergadering...*, p. 32.

Lutgarticonografie, *Van Belgische sainte Lutgarde naar Vlaamse Sint-Lutgart.*


We vatten de aangelegenheid als volgt samen. De *Gilde van Sinte Luitgaarde* was een vereniging van overwegend Westvlaamse intellectuelen met taalkundige belangstelling.[21] De *Gilde van Sinte Luitgaarde* is in wezen niets anders geweest dan een uiting van taalparticularisme.[22]


6. En de relatie Guido Gezelle - Lutgart - *Gilde van Sinte Luitgaarde?*[23] Drie fragmenten uit een in 1978 verschenen studie, hier en nu zonder commentaar:

... Nimmer is hij op de vergaderingen van de *Gilde* verschenen, hoe zeer zijn medestanders en vereerders daarop aandrongen...[24]

... Nu deze katholieke beweging zo'n mooie vaart maakt, voelt het bestuur van de *Gilde* zich erg bedrogen door de afwezigheid van Gezelle...[25]

... Zijn oratorisch talent, noch zijn taalkundige of artistieke inbreng heeft hij aan de *Gilde van Sinte Luitgaarde* gegund...[26]


7. In de jaren 1870 beleefde het college te Roeselare "de Grote Storinge", met op 1 augustus 1875 de wegzending van Julius Devos, een medestudent van Albrecht Rodenbach. Devos is als "de eerste martelaar" de geschiedenis van de Blauwvoeterie ingegaan.

Overweldigende blijken van Lutgartverering zijn in dat milieu niet tot uiting gekomen zodat Lutgart geen onderwerp van studie is

---

[21] VANLANDSCHOOT R., *De Gilde van Sinte Luitgaarde 1874-1875. Westvlaamse aspecten. Uitgesproken en onuitgesproken verhoudingen tegenover Guido Gezelle* in *Gezellekroniek* 13, 1978, p. 75-116 en 14, 1979, p. 19-64.

[22] WILLEMYNS R., *De tweede generatie Westvlaamse particularisten* in *Verslagen en mededelingen van de Koninklijke Academie voor Nederlandse Taal- en Letterkunde* 1995, p. 228-263.

[23] VIAENE A., *Guido Gezelle en de Gilde van Sinte-Luitgaarde* in *Biekorf* 66, 1965, p. 366-384.

[24] VANLANDSCHOOT R., *De Gilde van Sinte Luitgaarde...*, p. 19.

[25] VANLANDSCHOOT R., *De Gilde van Sinte Luitgaarde...*, p. 31.

[26] VANLANDSCHOOT R., *De Gilde van Sinte Luitgaarde...*, p. 52-53.

in *De Groote Stooringe 1875.*[27] Wel waren er telkens West-Vlaamse Koppen bij betrokken: Duclos, Verriest, Vyncke, Rodenbach en... Gezelle.[28] Aan die Koppen is reeds meer dan een monografie gewijd. Door de herhaalde aandacht voor de Koppen zijn steeds dezelfde, qua Lutgart vrijwel inhoudloze gebeurtenissen tot in den treure herhaald. Zo is mettertijd de indruk gegroeid dat de *Gilde van Sinte Luitgaarde* een enorme Lutgart-Beweging is geweest.

8. In 1875 verscheen de *Almanak (...) voor de leerende jeugd van Vlaanderen, uitgegeven onder de Bescherming van Sinte Luitgaarde, Patronesse der Vlaamsche taal en letterkunde.*

Met betrekking tot dit laatste verscheen in de *Gazette van Thielt* een rechtzetting:

> ... de almanak voor de leerende jeugd en het nieuw schriftjen *De Vlaamsche Vlag*, en zyn niet uitgegeven onder de bescherming der *Gilde van Sinte-Luitgaarde voor Tael en Oudheid*, die haren zetel heeft te Brugge; met die gilde hebben zy volstrekt geen uitstaens. Doch 't moet er worden bygezegd dat de misgreep zeer natuurlyk is; want persoonen die nogthans de westvlaemsche toestanden goed kennen, hebben den oorsprong van beide schriftjens insgelyks verkeerd opgevat.[29]

Uit dit citaat blijkt dat de inbreng van de *Gilde van Sinte Luitgaarde* een andere is dan haar in het verleden werd toegeschreven. Dit geldt ook op het vlak van de Lutgarticonografie.

9. Getuigen van de "Zondagse kleren"

9.1. Met betrekking tot 'n Lutgartprentje van *De Vlaamsche Vlagge* is er een getuigenis van Albrecht Rodenbach:

> Door de zorgen der vlaamsche vlagge waren er beeldekens uitgegeven geweest van Sinte Luitgaarde, beschermheilige van het Vlaamsch en de Vlaamsche Letterkunde. Het duurde niet lang of de studenten hadden vóór zich in de studiezaal, en aan hun bed in de slaapzaal zoo een beeldeken. Dat werd met een slecht oog aanzien en op zekere dag waren veel dier "sanctjes" spoorloos verdwenen. De dagscholieren wilden zulks in hunne studiezaal nadoen, en kwamen ook met Luitgaardebeeldekens voor den dag. Maar zodra het bemerkt werd, kwam de Heer Overste er

---

[27] *De Groote Stooringe 1875. Historische bijdrage tot de geschiedenis van de Vlaamse Studentenbeweging.* Z. pl., [1975].

[28] Guido Gezelle heeft voor Lutgarts feestdag op 16 juni 1890 één *Gedicht voor de Limburgers* geschreven, 8 verzen kort; zie BOETS J., *Guido Gezelle. Spreuken en gezegden.* Antwerpen 1993, p. 280.

[29] Geciteerd door VANLANDSCHOOT R., *De Gilde van Sinte Luitgaarde...*, p. 44.

eene bespreking over houden en zei onder andere: *il ne faut pas singer le ridicule*".[30]

Haar feestdag ook werd door de studenten in eere gehouden, en op dien dag trokken zij hun Zondagspak aan. Was het om geen achterdocht te wekken? De korte nota zegt het niet; maar men deed de mis voor de Zouaven samenvallen (met het Lutgartfeest) en men zong er den lofzang Jesu corona Virginum (ter ere van S. Lutgart).[31]

In Maarte 1876 had onder de studenten een openbare verkooping plaats, ingericht ten voordeele van het genootschap 'Sint Vincentius a Paulo'. Ziehier een deel uit het rapport général du 8 Mars 1876, door Rodenbach opgesteld: "Vous vous rappelez MM. la tarte conquise vaillamment par la 4$^{me}$, les images à 0,50 fr vendues à 15, à 20, à 30 fr etc." Les "images" hier bedoeld, waren beeldekens van Ste Luitgaarde (welke overgebleven waren nà de opruiming door de Overheid). De klasse van Rhetorica kocht er één aan zeer opgejaagde prijs, en de leerlingen, nà hunnen lieven professor zijn feestdag gewenscht te hebben, op 31 Maarte, zijnde St. Hugo's avond,[32] droegen hem – 's anderendaags – het beeldeken op".[33]


9.2. Dit is de plaats om een aantal "Vlaamse herinneringen" op te sommen.

H.J. Elias schrijft algemeen "Er werd jacht gemaakt op de beeldjes van de H. Lutgardis",[34] doch is elders concreter:

Bij de aanvang van het jaar 1890 kregen de leerlingen van het college te Roeselare geen toelating om op het feest van de H. Lutgardis, door de studenten vereerd als de patrones van Vlaanderen, ter Heilige Tafel te naderen.[35]

Lodewijk Dosfel heeft het in zijn *Schets van eene geschiedenis der*


[30] RODENBACH F., *Albrecht Rodenbach en de Blauwvoeterij. Met de verzameling zijner voordrachten, artikels, nota's, oorkonden en allerhande onuitgegeven wetenswaardigheden in dicht en ondicht, betreffend kunst, taal en Vlaamschen kamp.* Deel 1: *In het gesticht van Roeselare.* Amsterdam 1909; deel 1 p. 107-108.

[31] RODENBACH F., *Albrecht Rodenbach...,* deel 1 p. 109.

[32] Bedoeld is de naamheilige van Hugo Verriest (°1840), in 1874 lid geworden van *De Gilde van Sinte Luitgaarde*. DEMEDTS A., *Hugo Verriest en de Blauwvoeterij. Verantwoording* in *De groote stooringe...,* p. 63-84.

[33] RODENBACH F., *Albrecht Rodenbach...,* deel 1 p. 122.

[34] ELIAS H.J., *Geschiedenis van de Vlaamse Gedachte 1780-1914.* Derde deel: *Verwezenlijkingen en ontgoochelingen. De scheiding der wegen 1860-1883.* Antwerpen 1964; p. 113.

[35] ELIAS H.J., *Geschiedenis van de Vlaamse Gedachte 1780-1914.* Vierde deel: *Taalbeweging en cultuurflamingantisme. De groei van het Vlaamse bewustzijn 1883-1914.* Antwerpen 1965; p. 119.

*Vlaamsche Studentenbeweging*[36] over de omzendbrief van zondag 22 Oogst 1874 met betrekking tot de *Almanak voor de Leerende Jeugd van Vlaanderen voor het jaar O.H.J.C. 1875, onder de bescherming der H. Luitgaarde, Patrones van de Vlaamsche Taal en Letterkunde.*

Hij was betrokken bij de *Sinte-Lutgardisgilde* van Dendermonde en vermoedelijk zelf de auteur van het door deze Gilde uitgegeven Manifest met betrekking tot de Wet-Coremans.[37] Lodewijk Dosfel was het niet eens met studenten van de Gentse universiteit: in Antwerpen hadden zij kardinaal Mercier uitgefloten. Zij hadden bij die gelegenheid bidprentjes uitgedeeld met de *Psalm* van Rodenbach en een nieuwsoortige aanroeping: *Heilige Lutgart, bezorg Vlaanderen een Vlaamse aartsbisschop*:

Toen Mercier op 16 september 1917 in Antwerpen op pastoraal bezoek kwam werd er een uitjouwactie georganiseerd om hem en de aanwezige katholieken te tonen dat niet elke Vlaming Mercier bewonderde. Aan die operatie namen een veertigtal activistische militanten deel. De stadspolitie trad hard op tegen de ordeverstoorders en ook burgers vielen hen aan. Het groepje slonk snel terwijl het getal der tegenbetogers aangroeide. Het werd een terugtocht door de stad onder gejouw, slagen en geschreeuw tot een Duitse patrouille het restant ontzette uit het café waarin ze waren gevlucht. Eén van de organisatoren, Geert Pijnenburg, had briefjes met "Heilige Lutgardis, patronesse van Vlaanderen, geef ons een Vlaamse Aartsbisschop" uitgestrooid...[38]

Geen Lutgartherinneringen in *Dr. J. Goossenaerts 1882-1963*.[39] Wel is over hem vastgelegd met betrekking tot het Lutgartfeest op 16 juni 1897[40] in het Klein Seminarie te Hoogstraten:

Jef Goossenaerts en zijn vrienden besloten dit te vieren. Met een tiental jongens gingen ze met hun mooiste pak aan midden op de speelplaats staan. De overige vijfhonderd collegstudenten stonden verbaasd naar het groepje te kijken. Zoiets hadden ze nog nooit gezien.[41]

---

[36] Gent 1924, eerste deel p. 53.

[37] DE BRUYNE A., *Lodewijk Dosfel 1881-1925. Kultuurflamingant - aktivist - nationalist*. Wilrijk 1967 (*Bibliotheca belgica - Nederlandse Bibliotheek*, 1); p. 84.

[38] DE BRUYNE A., *Lodewijk Dosfel 1881-1925...*, p. 232. – VANDEWEYER L., *Kiezen tussen Kardinaal en Kaiser. Vlaamse katholieke activisten tijdens de Eerste Wereldoorlog* in *Trajecta* 5, 1996, p. 134-155; p. 145.

[39] *Dr. J. Goossenaerts 1882-1963*. Getuigenissen en studies, door M. HANOT in opdracht van de "Stichting Dr. Jozef Goossenaerts" verzameld en uitgegeven. Gent 1973.

[40] Dit is het jaar waarin J. Goossenaerts in 't geheim "Het Heidebloempje" stichtte, een bond van "collegstudenten". *Dr. J. Goossenaerts 1882-1963...*, p. 10.

[41] *Zo vierde Dr Jozef Goossenaerts en AKVS het feest van de H. Lutgardis* in *Heemkundige Kring De Oost-Oudburg. Jaarboek* 20, 1983.

Een vergelijkbaar getuigenis van pater Jan Van Campenhout
C.ss.R.:

Bij het feest van de H. Lutgardis droegen wij ons zondagspak, met het
leeuwespeldje links onder de jaskraag.[42]

---

[42] Van Campenhout J., C.ss.R., *Enkele herinneringen aan het AKVS in het
college van het Eucharistisch Hart te Essen in de jaren 1926-1932* in *A.K.V.S.-
Schriften* 29, november 1994. Het vermelde College te Essen zou "jaren koplopen
als Vlaamstalig kollege (denk aan figuren als Pater Jules Vereecke en Pater Jozef
Boon)", schreef A. Deboutte C.ss.R., *Sint Lutgart in de 7de Albrecht
Rodenbachstoet (Roeselare, 22 september 1991)* in *Sint Lutgart Schutsvrouwe van
Vlaanderen* 34, 1992/1, p. 3-7; p. 4.

# HOOFDSTUK 2

# VAN EEUWFEEST NAAR EEUWFEEST: 1946 TOT 1982

Op 16 juni 1946 werd het zevende eeuwfeest van Lutgarts overlijden herdacht.

In Antwerpen had een over drie dagen gespreide grootse viering plaats. In de Antwerpse Lange Gasthuisstraat werd een Lutgart-tentoonstelling geopend door Mgr Zech, deken van de O.-L.-Vrouwkerk, in aanwezigheid van Mej. M. Gevaert, Mej. L. De Schutter, bestuurster van de Ste Ludgardisschool en anderen. Pater L. Reypens S.J. belichtte in zijn toespraak de betekenis van de Vlaamse heilige. De zondagnamiddag werden de herdenkings-plechtigheden voortgezet met een Lutgartfeest onder het presidium van Monseigneur Van Cauwenbergh. De maandagmorgen ging een processie uit, waarin het Lutgartreliekschrijn van de Sint-Ludgardisschool werd meegedragen. Dit Rijke Roomse Leven werd in een dagblad als volgt vastgelegd:

Te kwart vóór tien verlaat de processie Ste Ludgardisgesticht terwijl de haag gevormd wordt door de Katholieke Studentinnen en door studenten van St. Lievenscollege. Aan de kerk wordt de ordedienst verzekerd door de Scouts van St. Jan Berchmanscollege. Langzaam schrijdt de processie verder, naar St. Joriskerk, waar te 10 uur de Hoogmis wordt opgedragen. Het relikwieschrijn rust op de schouders van acht priesters. Wanneer Z.E. de Kardinaal [van Roey] nadert, knielen de geloovigen om zijn zegen te ontvangen. Het hoogaltaar van St. Joriskerk is prachtig versierd en baadt in een zee van licht wanneer Z.E.H. Fabri, geestelijk bestuurder van Ste Ludgardisgesticht, de H. Mis opdraagt, bijgestaan door E.H. Aerts en E.H. Van Houbroeck. Op het hoogkoor zit Zijne Eminentie, omringd door Kan. Leclef, Kan. Van Aelst, directeur van St. Jan Berchmanscollege en Kan. Raymaekers, inspecteur der Middelbare scholen. Verder zijn aanwezig: Kan. Dhanis, Kan. Fierens, de verschillende Pastoors der stad en de directeuren der Aartsbisschoppelijke colleges van Antwerpen en voorsteden. Het is E.P. Moereels, S.J., die de kanselrede houdt terwijl de gezangen verzorgd worden door het knapenkoor van St. Lievens en door 't meisjeskoor van Ste Ludgardis. Na de H. Mis werd het reliekrijf terug in processie naar St. Ludgardisgesticht gebracht.

In 1946 was het Lutgart vanuit vele benaderingshoeken voor-stellende *Lutgartboek*[1] verschenen, zo vlak na de Tweede

---

[1] Tielt 1946.

Wereldoorlog een enorme prestatie op velerlei vlak: de artistieke vormgeving, de typografische verzorging, de inhoud. Het Ruusbroecgenootschap in Antwerpen zorgde voor een wetenschappelijke tegenhanger van dit misschien wat te elitair opgevatte *Lutgartboek* en wijdde aan haar een bijna volledige jaargang van het tijdschrift *Ons geestelijk erf* met bijdragen die tientallen jaren later nog steeds geciteerd worden.

Medio 1946 werd in Tongeren een Lutgartparochie gesticht. Op Kerstmis 1946 werd de eerste H. Mis opgedragen in een houten noodkerk. Dat was het begin van een Lutgartparochie met pastoor Camiel Engelbos als eerste parochieherder. Na de Hoogmis in de Sint-Lutgartnoodkerk kwam ter pastorie een groep Lutgartvereerders samen. Zij wilden meehelpen om de bouw van een Lutgartheiligdom te financieren en om heel Vlaanderen op te roepen hieraan steun te verlenen.

Tot afronding van het eeuwfeestjaar werd op 17 juni 1947 de Gilde van Sinte Lutgart opgericht, die in 1997 haar vijftigjarig bestaan vierde. De *eerste Standregelen* van deze V.Z.W. werden in het *Belgisch Staatsblad* van 25 februari 1950 gepubliceerd.[2]

In samenhang met deze oprichting werd de eenenveertig bladzijden tellende tekst[3] *Lutgart, de vertrouwelinge van het Hart van Jezus* gepubliceerd. Hij is geschreven door Bernard van Rozendaal, dit is de in Rozendaal geboren Pater Bernard Spaapen S.J. van het Ruusbroec-genootschap. Op de bladzijden 43-45 van de brochure werd de Gilde van Sinte Lutgart voorgesteld. Haar werd op de laatste bladzijde deze heilwens meegegeven:

> Moge de Gilde aan Vlaanderen Sinte Lutgart nog verder openbaren en Vlaanderen tot Sinte Lutgart brengen! Zij behoort tot den hoogsten adel van ons volk. Zij is, en moet steeds meer worden, de ware Schutsvrouwe van ons allen, zoals haar naam Lutgart, die betekent "zij die haar volk beschermt", het uitdrukt. Zr. Josefa heeft het zo mooi gedicht:
>
>> Welaan dan mijn zustren ik reik u de hand.
>> Uw Taal is mijn Taal, en Uw Land is mijn Land!
>> Mijn naam is Ludgardis; voor stam en Geslacht
>> Houdt steeds bij Zijn Harte mijn Liefde de wacht!

---

[2] *Belgisch Staadsblad* nr 490 kol. 186-187.

[3] Het *imprimatur* door vicaris-generaal G. Simenon en het *nihil obstat* door J. Heuschen werden voor deze brochure te Luik op 11 mei 1949 verleend. Druk en uitgave: Lannoo Tielt.

**1.** Intussen was aan *Pelgrim*-architect Jos Ritzen (1896-1961)[4] opdracht gegeven een Lutgartkerk te ontwerpen. Ritzen had na de Tweede Wereldoorlog in 's-Hertogenbosch bij Dom Hans van der Laan (1904-1990) de cursus Kerkelijke architectuur gevolgd. Van der Laan baseerde zich op de vroegchristelijke kerken. Zijn theorieën hadden veel invloed en ook Ritzen bleef er niet vrij van. Dat is goed te zien in het Lutgartheiligdom (afb. 1).

In het koor werd op 16 juni 1949 een gedenksteen ingemetseld die door Mgr L.J. Kerkhofs, bisschop van Luik, gezegend was.

**2.** Viereneenhalf jaar later, op 12 juli 1953, werd de "eerste steen" gelegd. Een oorkonde (afb. 2) in de Lutgartbasiliek, waarvan de tekst hieronder volgt, herinnert eraan dat kardinaal J.E. Van Roey[5] en alle Belgische bisschoppen aanwezig waren.

In het jaar van Onze Heer Jezus Christus 1953 op de 25ste februari, werd met de bouw van dit heiligdom begonnen. Het werd opgericht ter ere van de heilige Lutgart, in haar geboortestad Tongeren. De h. Lutgart was de trouwe vereerster van Jezus' hart en van O.L. Vrouw. Wij noemen haar met voorliefde de Schutsvrouwe van Vlaanderen, de patrones van de jeugd, de patrones van de moeders in blijde verwachting, de patrones van de blinden.

Op de 12e Juli 1953 tijdens de zevenjaarlijkse kroningsfeesten van O.L. Vrouw oorzaak onzer blijdschap werd deze eerste steen geplaatst door Zijne Excellentie Monseigneur Ludovicus Josephus Kerkhofs, bisschop van Luik, in tegenwoordigheid van Zijne Em. Kardinaal Josephus Ernestus Van Roey, van Zijne Exc. Mgr Carolus Justinus Calewaert, bisschop van Gent, van Zijne Exc. Mgr Carolus Maria Himmer, bisschop van Doornik, van Zijne Exc. Mgr Aemillus Josephus De Smet, bisschop van Brugge, van Zijne Exc. Mgr Van Zuylen, hulpbisschop van Luik en van andere Bisschoppen, Missiebisschoppen, Abten en Prelaten.

Aan deze plechtigheid namen deel Z.E.H. Van de Weerd, deken van Tongeren en Z.E.H. Engelbos Camiel, Pastoor van St. Lutgart, de leden van de Kerkfabriek, Zijne Exc. de Heer Roppe Gouverneur van Limburg, de provinciale en gemeentelijke overheid, de geestelijkheid uit vele parochies van Limburg, de leden van de Gilde van Sinte Lutgart, de parochianen en talloos vele Lutgartvereerders. De ceremonie werd opgeluisterd door "De zingende maagden" van Tongeren.

---

[4] VAN HEUNINGEN H., *Architect Jos Ritzen 100 jaar geleden geboren* in *Katholiek Nieuwsblad* nr 39 van de 13e jaargang, 26.6.1996.

[5] BUSSELS A., *In memoriam Kardinaal J.E. Van Roey* in *Sint Lutgart Schutsvrouwe van Vlaanderen* 5, 1961, p. 17-19.

1. Architect Jos Ritzen, Lutgartheiligdom Tongeren, nr 1

2. Oorkonde 1953 Lutgartheiligdom Tongeren, nr 2

In dit jaar van O.H.J.C. stond aan het hoofd van de Kerk Z. Heiligheid Paus Pius XII, aan het hoofd van het Koninkrijk België Z. Majesteit Boudewijn.

Aan allen herinneren wij de koninklijke belofte die Christus aan Lutgart heeft gedaan: Om U zal ik weldoen aan allen die op U vertrouwen.

**3.** Mgr J.M. van Zuylen, hulpbisschop van Luik, wijdde op 24 oktober 1954 de drie klokken. Een ervan heette Lutgart. Tot de financiering ervan werden dubbele *Lutgartklok-kaarten* verspreid, met op de binnenzijde de tekst

Wie luidt mee de triomfklok over Vlaanderen
Lutgart, were di!
Het Nationaal Heiligdom van Uw patrones is in aanbouw.
De Lutgarttoren verrijst boven Tongeren.
In die toren komt een Lutgartklok.
Die Lutgartklok moet Uw klok zijn!
De Lutgartklok kost 150.000 fr.

Aan de schenksters werd toegezegd "De naam van de Lutgart die "meeluidt" wordt opgetekend in een Guldenboek".

Op de voorzijde een tekening (afb. 3) van F.V.I., Frans Van Immerseel: een vogel – albatros, zeemeeuw, blauwvoet? – als vage herinnering aan het Arendsvisioen? En een onderschrift dat plagiaat is van de Gentse Klokke Roeland-kreet.

**4.** Grote bekendheid en verspreiding verwierf de compositie die Paul De Bruyne (°Gent 1936)[6] in 1954 maakte: de klokken luidende Lutgart, een maquette van het te Tongeren in opbouw zijnde Lutgartheiligdom (afb. 4). De begeleidende tekst is geschreven door Zr M. Jozefa Van Houtland, alias Dr. Lydia Schoonbaert.

**5.** Op 17 juni 1956 werd het heiligdom door Mgr J.V. Van Zuylen geconsacreerd in aanwezigheid van Mgr L.J. Kerkhofs. Als een onuitwisbaar merkteken is een Lutgartmonogram in de steen van de Lutgartaltaar gebeiteld (afb. 5).

---

[6] Studies aan het Hoger Instituut voor Beeldende Kunsten St.-Lucas Gent; ere-leraar van de Koninkljke Academie te Oudenaarde en van het Sint-Barbaracollege te Gent. Woont en leeft te Gent. *Geloof en kunst in het bisdom Gent. Een selectie van hedendaagse religieuze kunstwerken.* [Gent 1996, p. 4].

3. Frans Van Immerseel, Lutgartklok-kaart, nr 3

4. Paul De Bruyne, Klokkenluidende Lutgart, nr 4

5. Lutgartmonogram in Lutgartheiligdom, nr 5

**6.** Ook op andere continenten leeft Lutgart in de herinnering van Vlamingen voort, zo in Zuid-Amerika (afb. 6) door O. Delbaere (?) en in Noord-Amerika. In 1988 publiceerde de Vlaamse pater Karel Denys CICM in een welbekende Detroitse krant het artikel *Saints of the Low Countries. June 16: Saint Lutgart of Tongeren* waarvan de slotwens luidde:

> Pray for us, St. Lutgart that we may be loyal to our Christian, Flemish traditions.[7]

**7.** Het boek *Lutgart herderin van 't Vlaamsche Volk* is van de hand van Emiel Delrue (1887-1918), doch verscheen postuum in 1947 onder de schuilnaam Emiel Van der Straeten. Tegenover p. 13 een expressieloze, artistiek waardeloze, met A. gesigneerde Lutgart, alleen herkenbaar aan de vermelding *H. Lutgart* boven haar rechterschouder. A. staat voor M. Aldernaght. Op de kaft van dit boek geen Visioen van het Lam, wel Lutgart met twee lammeren: zij wordt immers gepropageerd als *Herderin van 't Vlaamsche Volk*.

**8.** "Sint Lutgardis. Op den avond van den 23 Januari in het jaar O.H.J.C. 1949 herdacht bij de Paters Redemptoristen te Leuven".[8] Zo staat het wat stijf-plechtig op de uitnodiging tot een Lutgart-herdenking waarop P. B. Spaapen S.J. sprak over *De mystiek van Sint Lutgardis*. Sommen we op wie er voorts medewerking verleende, dan is duidelijk welke toon er gezet werd: Renaat Vansteenwegen, stadsbeiaardier te Leuven en laureaat van het Lemmensinstituut; het Knapenkoor der Eerwaarde Paters Dominikanen van Leuven onder de leiding van E.P. Versmissen O.P., en het Hoogstudentenkoor der Paters Redemptoristen van Leuven. Uit het programma vermelden we slechts de op Lutgart betrekking hebbende delen: Anton Van de Velde, *Bede van Sinte Lutgardis tot Maria*, en *Aan sinte Lutgardis*, tekst van de Redemptorist T.A. Speekaert op muziek van Arthur Meulemans.

**9.** In het kader van de *Dagen voor de poëzie* te Merendree had Pastoor Basiel De Craene een *Eredag van Sinte Lutgart* willen organiseren. Negenentwintig deelnemers (negen vrouwen, twintig mannen) stuurden zesenveertig gedichten in, wat méér was dan

---

[7] *Gazette van Detroit*, 16 juni 1988, p. 7.

[8] DEBOUTTE A., *Redemptoristen schreven over de H. Lutgart*. Leuven 1965 (*Bibliotheca Alfonsiana*); eveneens in ID., *Studies over de heilige Lutgart*. Brussel 1996, 2e tekst.

# De schakel

**EL LAZO** — *Maandblad der Vlamingen in Zuid-Amerika*

N° 22 — OKTOBER 1957 — DERDE JAARGANG

Sinte Lutgart, zegen uw Vlamingen waar ter wereld ze ook wonen !

6. O. Delbaere (?), Sinte Lutgart, nr 6

Pastoor De Craene had durven hopen. Zijn initiatief kwam wegens zijn plotse dood niet tot verdere uitvoering. Het werd overgenomen door de Gilde van Sinte Lutgart in samenwerking met het Davidsfonds en Hoger Leven. Zij wilden niet ongevierd laten voorbijgaan dat J.H. Bormans in 1857 het Amsterdamse *Leven van Sinte Lutgardis* had uitgegeven met de bekende suggestie, het Mosterdzaadje van Bormans. De plechtigheid op 12 mei 1957 in de feestzaal van het H. Graf te Turnhout werd op het programma[9] dan ook voorgesteld als *Vlaanderen viert zijn Schutsvrouwe bij God. Haar honderdjarig erkend Patroonschap over haar land en haar volk.*

**10.** Andere vormen van artistieke expressie – gedichten en liederen – blijven de *Vita Lutgardis* in persoonlijke interpretatie en integratie in het leven trouw.

Dat blijkt uit de Turnhoutse viering waar Johan van Mechelen het *Verslag van de jury over het "Lutgart-gedichten"-tornooi* voorbracht, uit naam van de jury waarvan P. L. Reypens S.J., Cyriel Verleyen, Reninca en Johan van Mechelen zelf deel uitmaakten. Bekroond werd het hieronder volgende gedicht van Jan Veulemans (° Turnhout 1928).

Lutgardis

De dag zingt in de kelken, aan de halmen,
aan de gothieke ramen van een cel:
de zilverringen van de vesperbel
roepen Lutgardis tot het boek der psalmen.

De perelaar etst koelte op de muur,
haar Christus hangt als elke dag te sterven,
en 't celraam speelt met zonnen en met verven,
met zwaluwen, met wolken en met vuur.

Ziet zij de dingen niet? Haar ogen schijnen
verder dan alle tuinen, alle licht:

---

[9] Op de achterzijde van de programmabrochure verzen van een door ons niet-geïdentificeerde M.P.:

In de jubel der engelenkoren
roept Uw Vlaanderen om medelij.
Beiaarden hangen hoog in de toren,
stoeten trekken fabrieken voorbij;
maar ik smeek, in de massa verloren,
Sinte Lutgardis, bid voor mij.

boven haar horizon groeit vragend een gezicht
en scheurt een Hart donker zijn bloedfonteinen.

De dagen gaan, gedaanten aan de wand,
doch uit dit verre Hart slaan zoveel zonnen,
zo zoete pijn heeft nu haar oog gewonnen:
de wereld zinkt uit haar, verblind, verbrand.

Jaren nog zal zij bloemen rond zich weten
en hoe in Vlaanderen wit de hoeven staan,
hoe pelgrims biddend om bezinning gaan
en kindren om de meiboom zijn gezeten.

Ach, liefde lei de dagen vleugellam,
doch blind haalt zij de puurste vergezichten,
zij weet haar hart een kamer vol gedichten
en blijft tot in de dood verrukte vlam.

Maar in het land van Vlaanderen staan velen
langs korenhoek en hagedoorn tesaam:
uw beeld wordt bloem aan menig gevelraam,
uw hart wordt zon, Lutgardis, en uw naam
gaat als een vlag boven de vlakten spelen.
En uw gelaat kan vele blinden helen.


## *Lutgartkalenders en Lutgartprentjes*

*Lutgartkalenders* en *Lutgart Jeugdkalenders* werden gepropageerd
door de Passionist Rombout Van Hemeledonck, die onderpastoor
van de Sint-Lutgartkerk te Tongeren geweest was en verbonden
was aan *Levensroeping*. Lutgartgrafiek wisselde er af met "culturele"
onderwerpen; soms droegen alle maand-bladen een Lutgartvoorstelling. Omdat de versozijde van deze grafiek als briefkaart
gebruikt kon worden en gebruikt werd, zijn volledige exemplaren
van deze kalenders uiterst zeldzaam. Wat wel bewaard is, is nog zo
omvangrijk dat ons overzicht tot één naam moet beperkt blijven.


**11.** Paul De Bruyne was voor zulke opdrachten een gevraagd
kunstenaar. Van hem is in de *Lutgart Jeugdkalender 1953* de
illustratie *Lutgart in haar jeugd* (afb. 7): Lutgart in keurslijf,
geprononceerde borsten, korte pofmouwen, runeteken als sluiting
van de open kraag, gevlochten haartres, wijde rok.

Vervolgens eenzelfde Lutgart – immers dezelfde levensperiode –,
doch in mannelijk gezelschap. Links de afdruipende minnaar die
de concurrentie van Christus niet aankan. Het onderschrift *Lutgart*

7. Paul De Bruyne, Lutgart in haar jeugd, nr 11

8. Paul De Bruyne, Lutgart wordt Christus' bruid, nr 11

*wordt Christus' Bruid* loopt vooruit op wat de *Vita Lutgardis* verderop verhaalt. Zij, de Man Christus, het gewelf achter hen: in bloedrood, wat uit de wit-zwart afb. 8 wel niet geslaagd blijkt. Bloedrood, de prent illustreert immers twee verzen van Zr M. Jozefa:

> Ik heb Hem gevonden, ik heb Hem ontmoet.
> Mijn Lieve gekleed in 't fluweel van zijn Bloed.

**12.** Nog steeds voor de Lutgart Jeugdkalender 1953 leverde Paul De Bruyne de illustratie *Lutgart redt haar eer!* (afb. 9), een verwijzing naar een episode in Lutgarts leven.[10]

**13.** Een ons onbekende A. Van Avermaet bracht (duidelijk Dietse) meisjes samen onder een toekijkende Lutgart-in-aureool, met klimmende leeuw op schild op de voorgrond (afb. 10). Dit lijkt ons een geschikte plaats om een *Ludiek kwatrijn Sint Lutgart ter ere!* aan te halen dat Bert Peleman in de lente van 1982 heeft geschreven:

> Sint Lutgardis, schut de schaar
> Vlaamse meisjes, blond van haar!
> Leer hen (mèt of zónder vlechten)
> voor hun ideaal te ... vechten!

**14.** Naast de *Lutgartkalenders* werden devotieprentjes met afbeeldingen van oude en nieuwe Lutgartschilderijen en -tekeningen verspreid. De uitgeverij-drukkerij Lannoo te Tielt werd hiermee bij herhaling door de Gilde van Sint Lutgart belast. Drukker-uitgever Joris Lannoo was overigens een van de acht stichters van de Gilde van Sint Lutgart waarvan hij geen enkele raadsvergadering heeft gemist.[11] De eerste prentjes werden door Lannoo gratis gedrukt om de financiering van het Lutgart-heiligdom te steunen.[12] Het Luikse drieluik van K. Theunissen, het Brugse Lutgartschilderij van Edmond Van Hove, het doek van Caspar De Craeyer beleefden als devotieprentje hoge oplagen.

---

[10] HENDRIX G., *Jeugd en benedictijnse periode...*, hoofdstuk 4: *Lutgarts intrede en noviciaat.*

[11] Aldus VANLANDSCHOOT R., *Joris Lannoo. Drukker en uitgever voor Vlaanderen 1891-1971*. Tielt 1984; p. 208. Op deze bladzijde ook de passus "Joris was een van de acht stichters. Hij voelde scherp aan dat er eigenlijk geen echte eenheid binnen de groep bestond en dat ze geen grote financiële mogelijkheden had".

[12] Archief Gilde van Sint-Lutgart.

9. Paul De Bruyne, *Lutgart redt haar eer!* nr 12

10. A. Van Avermaet, [Dietse meisjes], nr 13

Een ons onbekende F. De Keulenaere tekende, vermoedelijk in 1946, een eenvoudige Lutgart die links en rechts geflankeerd is door resp. een gekruisigde Christus en een klimmende Leeuw (afb. 11).

**15.** De *Sinte Lutgart* (afb. 12)[13] van de Scheutist Nico Vandenhoudt (Lummen 1907 - Anderlecht 9 september 1977) kan ontstaan zijn in de jaren 1932-1933 toen hij aan Sint-Lucas in Brussel lessen volgde, of na zijn terugkeer uit Congo in 1950 toen hij in Scheut zondagspredikant en in Dilbeek godsdienstleraar was. Het prentje is een uitgave van Levensroeping en is vermeld op de Lutgartkalender 1957. Het moet dus vóór 1957 ontstaan zijn. Misschien is de Kruisomarming wat theatraal, misschien is de Leeuw op de achtergrond wat te overheersend.

**16.** De klimmende Leeuw mét klauwen treffen we ook aan op een Lutgartvoorstelling (afb. 13) waarvan we de signering niet kunnen ontcijferen. Ook de bewaarplaats en de datering blijven onbekend. Verwantschap met Vandenhoudt is er ongetwijfeld. De passieloze Kruisomarming schijnt ook Lutgart niet te raken. Het "voorwerp" op de voorgrond is zo opvallend dat het voor de ontwerper wel een speciale, voor ons alleszins duistere betekenis moet gehad hebben.

**17.** Een tekening van Leo De Ridder (° Asse 1934) met een Kruisomarming als iconografisch thema – Lutgart met franciskaans gordelkoord in de plaats van de lederen riem van Cîteaux! –, Vlaamse Leeuw op schild én Franse lelie op Lutgarts pij. We kennen deze voorstelling (afb. 14) alleen van de uitnodiging tot een tentoonstelling "in de feestzaal van het Gemeentehuis" (gemeente ons onbekend), van 1 tot 3 juni 1957, waarop de openingsrede werd uitgesproken door P. Leonce Reypens S.J., lid van het Ruusbroec-genootschap. Deze tentoonstelling beoogde

> ... meer kennis van onze Vlaamse nationale Heilige bij [te] brengen, meer liefde en verering voor Sinte Lutgart, de volle bewustwording van onze Vlaamse adelbrieven.

Onder meer werd getoond de uitgebreide Lutgartdocumentatie, "gewetensvol verzameld door de Heer P[ieter] Van Driessche, uit Borgerhout, algemeen Sekretaris van *Familieleven*" en, zo kunnen we hieraan toevoegen, jarenlang secretaris-penningmeester van de Gilde van Sint-Lutgart.

---

[13] Schriftelijke toelating tot publikatie verleend door Prof. em. Dr. D. Verhelst bij brief dd. 8.8.1996 namens het General Comittee on History Scheut - C.I.C.M.

11. F. De Keulenaere, Lutgart, nr 14

# Sinte Lutgart

12. Nico Vandenhoudt, Lutgart, nr 15

13. [?], Lutgart, nr 16

14. Leo De Ridder, Lutgart, nr 17

*Lutgart en de IJzertoren*

Al heel vroeg, eigenlijk nog vóór de Vlaamse Leeuw op schild, is de IJzertoren in de Lutgartkunst verschenen. In de *Lutgart Jeugdkalender 1953* komt hij voor op twee Vlaamse én religieuze Lutgartvoorstellingen van Paul De Bruyne.

**18.** De eerste (afb. 15) heeft op de keerzijde de woorden "De grootste harten dromen van de grootste liefde en van het grootste geluk".

**19.** De tweede (afb. 16) – met IJzertoren én gebroken IJzerzerken? – nodigt uit tot bezinning:

> Kijk uit in de wereld: waar heeft men je meest nodig? Kijk verder dan de wereld: hoe kan je aan je kort leven eeuwige waarde schenken? Kijk in je eigen ogen: wie ben je? wat kan je? Kijk naar O.L. Heer: Wat wilt gij, Heer? wat droomt gij? wat wenst gij?

**20.** In 1954 stelde Paul De Bruyne Lutgart voor met in de handen een Leeuwenschild en AVV-VVKtoren (afb. 17). Ernaast de verzen

> Gedenk, dat een God om de wereld bedrukt,
> in U ook dit volk aan zijn hart heeft gedrukt.
> Lutgardis, hoedt eeuwig mijn Land.

Auteur van deze tekst is Omar Waegeman (°1922), na de Tweede Wereldoorlog gearresteerd, "naar Lokeren" en in oktober 1947 vrijgekomen. Hij is de auteur van amoureuze en religieuze gedichten en van een bloemlezing van repressiepoëzie. Uit de monografie die F. Van Campenhout aan hem gewijd heeft, vernemen we dat hij behoorde tot de *Vlaamse Kring Sint-Lutgardis* in zijn geboorteplaats Grembergen[14] en twee *Sint-Lutgardisliederen* schreef, op muziek gezet door resp. Hendrik Baeyens en Emiel Hullebroeck.[15]

---

[14] *Herdenkingsbrochure Vlaamse Kring St.-Lutgardis. Grembergen 1919-1979.* Grembergen 1979.

[15] VAN CAMPENHOUT F., *Leven en werk van Omar Waegeman.* Antwerpen 1989.

15. Paul De Bruyne, Lutgartcompositie, nr 18

16. Paul De Bruyne, Lutgartcompositie, nr 19

17. Paul De Bruyne, Lutgartcompositie, nr 20

**21.** Een met *B.* gesigneerde, niet geïdentificeerde noch gedateerde lino toont Lutgart met de IJzertoren in de hand (afb. 18).

**22.** Op de Affligemse Lutgarttentoonstelling van 1982 waarover hieronder meer, was een door Gerte Van Geystelen-Thans uit Berchem gemaakt glasraam[16] aanwezig, met een zeer vertikale Lutgart die de armen horizontaal naar de IJzertoren uitstrekt (afb. 19).

**23.** Nogmaals de combinatie (van boven naar beneden) van IJzertoren, klimmende en zwaardzwaaiende Leeuw, vervolgens het zelden voorkomende XR-monogram, Lutgart met een kruis voor zich, naast haar een landsknechttrommel, onderaan: *St. Lutgart* (afb. 20). Rechts naast de laatste letter vertikaal de letters *Santv*, vermoedelijk de afgekorte naam of het pseudoniem van de ons onbekende vervaardiger van deze op jute afgedrukte lino.[17]

**24.** Vlaamse kerktorens, IJzertoren, Vlaamse Leeuw... Een wat al te drukke compositie (afb. 21) door Marc Speybroeck – het 'meestersteken" naast de initialen herinnert aan vader Jos Speybroeck – in de *Lutgart Jeugdkalender 1963*, met op verso verzen van Jozefa Van Houtland:

Sint Lutgart, Vlaandren gegeven,
geen dromen hebt Gij niet gekend
voor 't volk, dat aan zichzelf ontwend,
in ons poogt te herleven.

### Lutgart en de Voerstreek

**25.** In 1982 verspreidde de Bond der Vlamingen van Oost-België tienduizend exemplaren van een Lutgart-vouwkaart door Valère Maenhout: *Sint Lutgardis bescherm steeds de Voerstreek* (afb. 22). Artistieke pretenties hoeft men hier niet te zoeken. Boeiend is de tekst op de binnenzijde. Na enige biografische informatie over Lutgart volgt:

In 1909 riep pater D.A. Stracke s.j. op tot "bidden voor de redding van het Vlaamse volk". Hij vroeg gebed en offer voor Vlaanderen, met deze

---

[16] Afm.: h 95 x b 55 cm.
[17] Afm.: h 60 x b 21 cm. Bezit G. Hendrix, Gent.

18. B., Lutgart met IJzertoren, nr 21

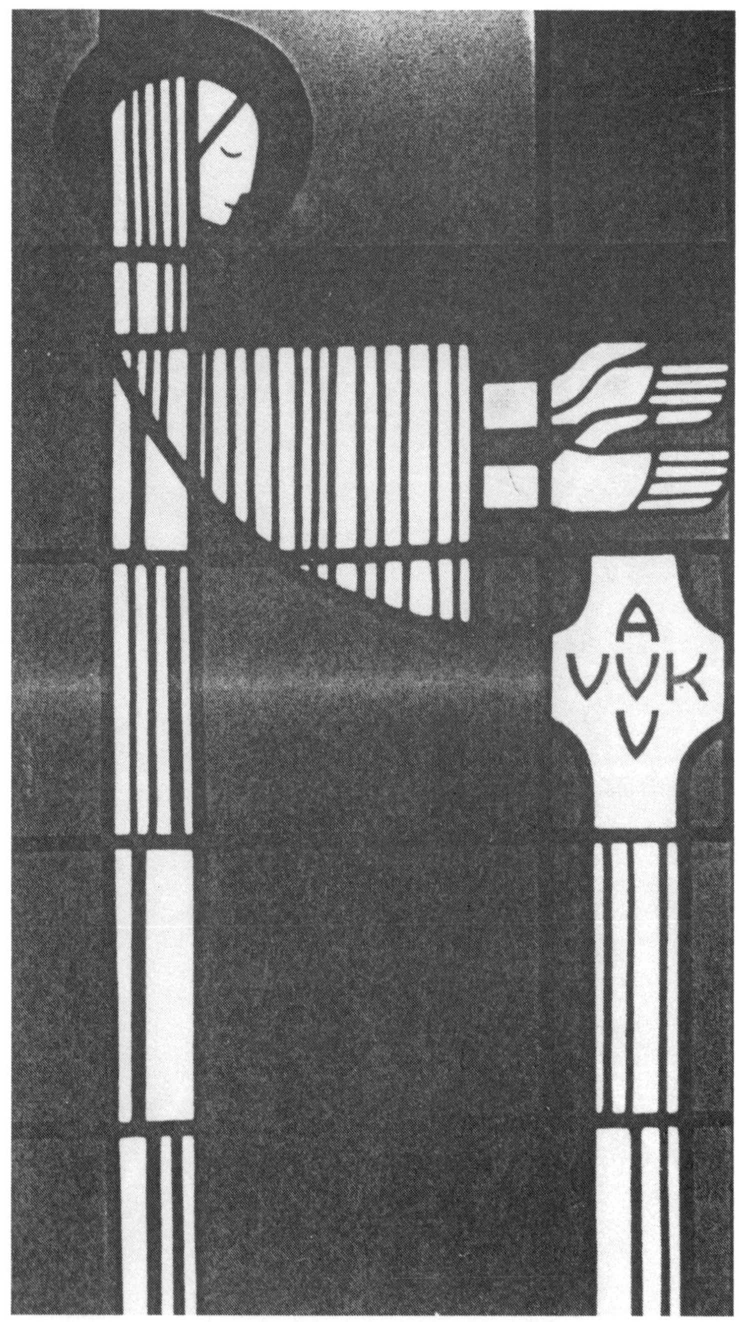

19. Gerte Van Geystelen-Thans, glasraam, nr 22

20. [Santv?]; Lutgartcompositie, nr 23

21. Marc Speybroeck, Lutgartcompositie, nr 24

bijzondere intentie: door de voorspraak van Sint-Lutgardis verwerven dat het Vlaamse volk eindelijk ware leiders mag krijgen.

Die oproep is nog steeds aktueel. In dit jubeljaar van Sint-Lutgardis' geboorte herhalen wij hem en voegen er een streek-gebonden intentie aan toe: door de hulp van "Vlaanderens schutsvrouwe" redding uit een onmogelijke toestand en pacificatie voor de Vlaamse Voerstreek bekomen.

Sint-Lutgart van Tongeren,

in dit jubeljaar vragen wij uw voorspraak voor een hinterland van uw geboortestad, de Voerstreek. Menselijke dwaasheden hadden reeds in het verleden het Dietse Overmaas in stukken gehakt en in een Babelse verwarring geworpen. Het enigszins gaaf gebleven deel, Voeren, werd de laatste jaren slachtoffer van politieke kwakzalverij en baldadigheden.

Roep Gods' vaderlijke wijsheid ter hulp om gezagsdragers en nieuwsmedia te doen beseffen dat in Voeren toestand en volksverbondenheid nooit en door niemand mogen vervalst opdat natuur en inwoners er steeds rust en vrede uitstralen.

Beschermheilige van het Vlaamse Volk,

vraag de gekruisigde Christus voor ons de genade om offervaardig onze werking voor "eigen aard en taal" te bezielen door de christelijke naastenliefde en alzo onze vijanden te beminnen en te bidden voor hen, die ons vervolgen en haten.

Schutsvrouwe van de Lage Landen,

smeek de H. Geest dat in de Voerstreek gematigde en verstandige leiders, die dorpsruzies en valse problemen vergeten, opstaan om onbaatzuchtig te werken voor het ware algemeen belang.

Sint-Lutgart van Aywières,

bindteken tussen Vlamingen en Walen, zorg er voor dat wij door het instandhouden van onze taalgemeenschap in Overmaas een eeuwenoud kruispunt van kulturen uitbouwen, dat wij banden slaan met naburige taalgemeenschappen door wederzijds begrip, daadwerkelijke verdraagzaamheid en geestesverruiming als bewuste opgang naar een éénwordend Europa.

Het weze zo.


*Lutgart en Leeuw op glas*

**26.** In 1955 maakte Roger Vandeweghe, ceramicus-glasschilder te Sint-Andries (Brugge), voor de Sint-Martinuskerk in Koekelare een door de Kerkfabriek besteld Lutgartglasraam. Suggesties van E.H. Michel English, broer van Joe English, leidden tot een volledig in het zwart geklede Lutgart in beschouwing van het kruis dat ze in

22. Valère Maenhout, Lutgart bescherm de Voerstreek, nr 25

beide handen voor zich houdt. Geringe inspiratie, eenvoudige voorstelling. In de bovenrand *H. Lutgart*, in het onderste register een schild met Vlaamse Leeuw.

**27.** De klimmende Vlaamse Leeuw op schild veroverde het Lutgartheiligdom in Tongeren.[18] De Vlaamse Toeristenbond (V.T.B.) schonk in 1957 een door Eugeen Yoors ontworpen en uitgevoerd glasraam waarop Christus en Lutgart voor elkaar opgesteld staan met gespreide armen (afb. 23). Het vormt een glasramendrieluik samen met de glasramen waarop J.H. Bormans en Guido Gezelle zijn afgebeeld; in een vorig hoofdstuk is aangetoond dat hun verdienste op het gebied van de Lutgart-verering fel overgewaardeerd is.

**28.** Bij de bouw in 1962 van het nieuwe gastenhuis van de trappistenabdij Sint-Sixtus te West-Vleteren werd in de kapel een *Heilige Lutgardis*-raam[19] uitgevoerd door de Brugse glazenier Van Wallegem naar een ontwerp van een onbekende kunstenaar. Het behoort tot een reeks heiligen van Dietse stam en staat tussen Robrecht van Brugge[20] en de zalige Idesbald.[21] Deze Kruis-omarming streeft niet naar ogen- en lippencontact, wel in tegendeel: Lutgart is afgewend van de omarmende Christus. Haar overgrote hand, waarvan de betekenis niet duidelijk is, neemt niet deel aan de omarming. Hier is het onderwerp niet de Minne, wel het lijden: opvallend rood van de kruisbalk en van de beide doornenkronen. In de linker-benedenhoek het felle geluw veld met klimmende Leeuw.

**29.** In de neogotische kerk St.-Jacobus de Meerdere te Haasdonk / Beveren, staan in het koor glasramen van de architecten Roelandt en Serrure — volgelingen van de Bethune — in de nabijheid van

[18] In 1996 verscheen te Tongeren onder redactie van R. BOLLEN *Lutgart van Tongeren en haar heiligdom*, de derde, aanzienlijk uitgebreide, 48 bladzijden tellende en overvloedig geïllustreerde uitgave van een gids waarvan de vorige uitgaven in 1963 en 1986 waren gedrukt. Samengesteld door de Lutgartwerkgroep van de Sint-Lutgartparochie te Tongeren. Deze brochure vervangt BUSSELS A., *Het Sint-Lutgartheiligdom te Tongeren*. Z.pl. [Antwerpen] 1965 (*Vlaamse Toeristische Bibliotheek*, 53).

[19] Afm.: h 153 x b 123 cm.

[20] Heilige cisterciënzerabt van Ter Duinen (1138-1153), daarna abt van Clairvaux en opvolger van de heilige Bernardus.

[21] Abt van Ter Duinen, 1155-1167.

23. Eugeen Yoors, Lutgartglasraam, nr 26

glasramen nieuwe stijl in de buitenmuren van het kerkschip. Een ervan[22] stelt twee vrouwen voor: de heilige Theresia, patrones van de missies, en *H. Lutgardis, patrones van Vlaanderen*, in 1964 gemaakt door L. Steppe[23] die ook nog glasramen met Godelieve van Gistel, Maria Magdalena, Petrus en Paulus, Jozef de heilige werkman en Isidoor, de patroon van de landbouwers, plaatste.

Een rustige combinatie van kleuren suggereert kledij die in niets aan monastieke kleding herinnert. In de neerwaarts hangende handen houdt ze een heel klein kruisje, een restant van de Lutgart in beschouwing. Haar blik is eigenlijk op niets gericht. Naast haar gezicht een klimmende Vlaamse Leeuw, zwart op naakt glas, niet erg duidelijk noch overtuigend.

**30.** In het Sint-Ritapolderkerkje te Moerbeke is er het in 1976 door Delodder uit Assebroek gemaakte glasraam – gift van E.H. Marcel Van de Sompele, eerste pastoor van St.-Rita – waarop Lutgart het kruis beschouwt dat in haar opgeheven hand rust en tegen haar schouder leunt. In de rechterhand draagt ze losjes een schild met Vlaamse Leeuw.

Op de deurtjes van het tabernakel links de heilige Rita, rechts nogmaals Lutgart, nu met een vlammend hart beschermend tussen de opgeheven handen gehouden. Het is niet duidelijk of achter haar schouder een *klokje* is afgebeeld.

**31.** *Klokje* kan verwijzen naar de Lutgartklok in het heiligdom te Tongeren. Een ander, veel bescheidener *Sint Luidgaardklokje* stond op de nok van het woonhuis bij de Sint-Gregoriusschool te Dudzele, door de Zusters van Liefde uit Heule later met een verdieping verhoogd:

> Op Kermesmaandag [1879] te Dudzele 's Achternoens in 't lof wierd het nieuw klokske van de Sint Gregoriusschole plechtig gewijd en gedoopt onder den naam van Luitgaarde. Daarna wierd het in vollen stoet naar zijn plaatse gedregen en zijn blijde klanken kondigden de meeting aan.[24]

Ook elders te Dudzele was Lutgart thuis:

> Ook de uiterlijke sporen van verfransing werden ongenadig geweerd. Hij [Ratte Vyncke] bracht het zover dat haast alle herbergiers hun Franstalige

---

[22] Geschatte afm.: h 5 m x 1,5 m. Drie meter boven de begane grond.

[23] Niet vermeld in het gedetailleerde boek van WEEMAES R., *Haasdonk Sint-Jacobuskerk en parochieleven 1150-1990*. Beveren 1993.

[24] MONBALIU L., *Ratte Vyncke* [Roeselare 1974]; p. 144; afbeelding op p. 140.

uithangborden vervingen door klinkende Vlaamse opschriften. Hier was
het *De Vlaamsche Vlagge* ginds *Willem van Saeftingen* en *Vlaanderland*
elders *De Blauwvoet* en *Sinte Luitgaarde* dat bovenaan de drankhuizen
prijkte.[25]

**32.** Eenvoudig, "braaf" is de Lutgart op een glasraam van De
Roeck, van de Academie van Sint-Niklaas,[26] in een naakte, gemet-
selde muur. Onder "Vlaanderen dag en nacht denk ik aan U"
(Vlaanderen vertegenwoordigd door enkele kerktorens) een Lutgart
in beschouwing van het Kruis – dus toch nog eens een thema uit de
Lutgarticonografie –, geknield op een hedendaagse kerkstoel, met
op de voorgrond een Vlaamse Leeuw (afb. 24).

### Diverse materialen

**33.** In de jaren 1970 werd in de benedictinessenabdij van
Wisques (Frankrijk) op een stuk textiel in patchwork- of quilte-
techniek een *H. Lutgart* (afb. 25) geborduurd.[27] Aan haar voeten
een schild met Vlaamse Leeuw en eronder de plaatsnaam Wisques.
Getuige van Lutgartkunst in Frans-Vlaanderen...

**34.** We zouden haast zeggen: veel krijgshaftiger oogt de Lutgart-
met-Leeuwenschild die Geert Vanallemeersch in 1978 getekend
heeft en die vervolgens door de Filippijnse kunstenaar Ramon
Caguin in hout werd gesneden. Het in Roeselare bewaarde beeld[28]
werd in 1978 gewijd. Bij die gelegenheid werd een foto op glanzend
papier (afb. 26) verspreid met op keerzijde het volgende gebed:

Heer, God van alle mensen, God van alle volkeren,

God van liefde en vrede, zie genadig neer op ons Vlaamse volk; bewaar
het in verbondenheid met U en met elkaar; bewaar ons volk in
saamhorigheid met alle volkeren. Breng ons dat voorbeeldig leven in
herinnering van St.-Lutgart deze Vlaamse heilige en patrones; dat zij ons
moge aansporen tot het 'suyverlicke minnen' van haar mystieke leven;

---

[25] MONBALIU L., *Ratte Vyncke...*, p. 194.

[26] In het bezit van de familie Walter en Lutgart Drumont-Mels te Kemzeke.

[27] Nu in het bezit van Zr M. Lutgardis Verbist, cisterciënzerin in de abdij
Lichtenthal te Baden-Baden (D); haar geschonken door Pater Theofiel Buysse,
cisterciënzer van Bornem, voormalig pastoor te Oudenbosch Nederland. Zr
Lutgart is jarenlang raadslid van de Gilde van Sint-Lutgart geweest. Pater T.
Buysse is de auteur van een onuitgegeven boek over Lutgart; getypt manuscript in
de Abdijbibliotheek Trappisten Westmalle.

[28] Waarvan we de afmetingen niet kennen.

24. De Roeck, Lutgartglasraam, nr 32

25. Anoniem, Frans-Vlaamse Lutgartvoorstelling, nr 33

26. Geert Vanallemeersch, Lutgart-met-Leeuwenschild, nr 34

dat zij ons moge oproepen tot een volgehouden trouw aan de geloofsschat. Laat op haar voorspraak ons volk zó leven en 'her'leven dat de erfenis van het Kristen Vlaanderen bewaard mag blijven en aan de komende geslachten kan overgedragen worden in een geest van geloof en met dezelfde ijver welke St-Lutgart bezield heeft. Dat vragen wij U, Heer God op voorspraak van onze patrones. Amen.


**35.** Geert Vanallemeersch is ook de ontwerper van het wijk-embleem[29] *Wijk Sint-Lutgardis. Rodenbachswijk Roeselare*: Lutgart binnen de contouren van een kruis (IJzertoren?) tegen gele achtergrond, met blauwe Blauwvoet.

---

[29] Zelfklever h 10 x b 7 cm.

In de lente van 1982 schreef Bert Peleman (1915-1995)[*]
*"Ludieke" kwatrijnen Sint Lutgart ter ere!*


Sint Lutgardis die geen Frans wou leren
om geen Overste te moeten zijn;
leer ons bij het Nederlands te zweren
ook als wij "gewild"... méértalig zijn!

* * *

Sint Lutgardis, vroom vereerd:
Vlaanderen hebt gij geleerd
"kruis en leeuw", kordaat geheven,
naar uw voorbeeld fél te léven!

[*] DOSFEL A., *Sinte Lutgart en de Vlaamse kunstenaars. Bert Peleman* in *Sint Lutgart Schutsvrouwe van Vlaanderen* 9, 1965, p. 6-8. – WATERSCHOOT H., *Wij gedenken. 1. In memoriam letterkundige Bert Peleman* in *Sint Lutgart Schutsvrouwe van Vlaanderen* 37, 1995, p. 88-92.

27. Kristien Dutoit, houtskooltekening, nr 37

# HOOFDSTUK 3

DE JONGSTE JAREN...

Naar aanleiding van het eeuwfeest van Lutgarts geboorte 1182-1982 werd in het vermelde jaar verscheidene tentoonstellingen georganiseerd.

Zo was er in de benediktijnenabdij Affligem een grootse tentoonstelling *Sinte-Lutgart-jaar 1182-1982. Tentoonstelling in Kultureel Centrum te Affligem 24-25 april, 1-2 mei, 8-9 mei 1982.* Niet minder dan 125 originelen en/of reproducties waren bijeengebracht.

**36.** De discrete combinatie Lutgart / Vlaamse symboliek was vertegenwoordigd door een stola, ontworpen door Geert Vanallemeersch en eigendom van de Lutgartkerk te Roeselare.[1]

**37.** En door een sobere houtskooltekening van Kristien Dutoit, nu eigendom van de Kerkfabriek Sint-Lutgart te Kortrijk (afb. 27).[2]

Te Affligem waren drie leden van de stam Van Den Broeck met talrijke werken aanwezig.

**38.** De Lutgartkunst-produktie van Eugeen Van Den Broeck (1910 - 1997)[3] omvat tientallen lino's en pentekeningen alsook enkele stukken papierknipwerk. Vaak, al te vaak gaat het om qua inhoud eerder naïeve en technisch eenvoudige Lutgartvoorstellingen, met onloochenbare reminiscenties aan vroegere Lutgartkunst.[4]

Gelijktijdig vond te Affligem een postzegeltentoonstelling plaats,

[1] Cataloog Affligem nr 78.
[2] Cataloog Affligem nr 32.
[3] Op zijn doodsbrief is opgesomd: Gewezen hoofdredakteur "Ons Volk" (Ontwaakt), Gewezen afdelingsleider V.N.V. Asse, Gewezen voorzitter Winterhulp Asse... Drager van talrijke niet officiële ordes.
[4] Cataloog Affligem nrs 52-55.

ingericht door de filatelistenclub Ter Kluizen uit Hekelgem. Op 8 en 9 mei 1982 konden gegadigden een door Eugeen Van Den Broeck ontworpen dagtekeningstempeling verkrijgen, geselecteerd door de Afdeling filatelie van de Regie der Posterijen. Afb. 28 brengt verschillende elementen samen, onder meer de bekende Affligem-postzegel met de monumentale trap in de abdij.

**39.** Ook Bert Van Den Broeck,[5] broer van Eugeen, heeft Lutgartkunst op zijn naam staan, zichzelf herhalende voorstellingen (afb. 29). Van hem is ook – en daarom hier vermeld, buiten het overzicht van de echte Lurtgarticonografie – een houtsculptuur waarop Vlaams en religieus gecombineerd zijn: Leeuwenschild, kerktoren, Arend, Lutgart met aureool en kruis in de handen (afb. 30). Het schild is geel, de aureolen zijn goudgeel gekleurd.

**40.** Een derde Van Den Broeck, namelijk Dries,[6] heeft één zuiver religieuze Lutgarttekening gemaakt, een Kruisomarming namelijk (afb. 31), een Lutgartglasraam dat in de woonkamer van oom Eugeen hing, en talrijke keramiektegels met een Lutgart-voorstelling, in opdracht van het Davidsfonds en bij diverse gelegenheden uitgereikt.[7]

**41.** Wie te veel wil bewijzen, bewijst niets; wie op één schilderij te veel wil tonen, verdrinkt zijn mededelingen in de overdaad. Deze kijkervaring kan zich voordoen bij de twee volgende schilderijen die aanwezig waren op de V.T.B.-tentoonstelling 1982.

Het schilderij *Symbool van Vlaanderen* (afb. 32) door A. Candries-Van Lierop (°1943)[8] uit O.-L.-Vrouw-Waver – derde laureate van de V.T.B.-Sint-Lutgart-prijskamp 1982 – is in drie horizontale registers verdeeld. Onderaan het Vlakke Vlaanderen onder wolkenzwerk. Een middenregister met drie vlakken: links de kop van een leeuw, in het midden een kloosterpand, rechts een

[5] In Opwijk geboren in 1917 en aldaar overleden.

[6] Neef van Eugeen, zoon van diens oudste broer, geboren te Opwijk en in Alsemberg overleden.

[7] Cataloog Affligem nrs 60-61.

[8] PIRSON L., *Astrid Candries-Van Lierop uit O.-L.-Vrouw-Waver* in *Sint Lutgart Schutsvrouwe van Vlaanderen* 25, 1983, p. 13-16.

28. Eugeen Van Den Broeck, lito met dagstempeling, nr 38

29. Bert Van Den Broeck, Lutgartvoorstelling, nr 39

30. Bert Van Den Broeck, Sculptuur met Arendsvisioen, nr 39

31. Dries Van Den Broeck, Kruisomarming, nr 40

32. A. Candries-Van Lierop, Symbool van Vlaanderen, nr 41

groep personen[9] die omhoog kijken naar een tekstrol met de woorden *Lutgart 1182-1982*. Het bovenste horizontale register heeft een duidelijke reminiscentie aan da Vinci's Sixtijnse kapel: twee handen en vingers die elkaar naderen; de rechterhand is in een wijde mouw gehuld.

Vanuit de linkerbovenhoek vertrekt een bleke strook die een V suggereert: Vlaanderen. In die V een Vlaamse Leeuw en parallel ermee de IJzertoren. De rechterbenedenhoek wordt opgevuld door het hoofd van een moniaal in zwarte kap. Dat moet Lutgart zijn.

**42.** Op het schilderij *Sint-Lutgart van Tongeren, symbool van Vlaanderen*[10] (afb. 33) van Edgard Van der Herten (°1924)[11] – vierde laureaat van de V.T.B.-Sint-Lutgart-prijskamp 1982 – gebeurt de diagonale snijding van bijna links-onder naar bijna rechts-boven door een massief houten, naakt kruis waaraan Lutgart zich als een drenkelinge vastklampt. Links van haar vergaat een schip in de stormzee: verwijzing naar haar prille jeugd, toen het voor haar huwelijk bestemde kapitaal tijdens handel op Engeland verloren ging. Rechts van haar nogmaals een herinnering aan de jeugd: de O.-L.-Vrouwbasiliek van Tongeren. Lutgart houdt in één hand een knalrood hart. Herinnering aan de Hartenruil, nu echter in het enkelvoud. Een neerstuikende arend houdt in één klauw een Vlaamse Leeuw waarvan de vlaggestok op het kruis rust. Is dit een toespeling op het Arendsvisioen in de *Vita Lutgardis* of een Vliegende Blauwvoet in arendsgedaante? In de rechterbenedenhoek een lelietak, enkele stenen en (vermoedelijk) een geopend boek.

Het schilderij van Edgard Van der Herten werd op 16 juni 1994 door priester Herman Waterschoot geschonken aan de Gilde van Sint-Lutgart, die het op haar beurt schonk aan de kapel van de

---

[9] PIRSON L., *Astrid Candries-Van Lierop...*, p. 16 tekende uit de mond van de kunstenares een etymologische verklaring op: In een Gotisch glasraam is de naam van Lutgardis uitgebeeld "Zij die luiten gaart".

[10] Afm.: h 130 x b 100 cm. PIRSON L., *Voorstelling van kunstschilder Edgard Van der Herten uit Zandvliet* in *Sint Lutgart Schutsvrouwe van Vlaanderen* 25, 1983, p. 13-16, geeft schildertechnische informatie: voorstudie met houtskool op papier; de met grafietstift gemaakte tekening op met schilderlinnen beplakt paneel vastgezet met eitempera (kleurstof gewreven in eiwit met lijnolie); met olieverf geglaceerd.

[11] Kleurenfoto in *Sint Lutgart Schutsvrouwe van Vlaanderen* 25, 1983, p. 3. Naar aanleiding van zijn 70e verjaardag schreef R.T. over hem in *Vlaanderen* 43, 1994, p. 179-180.

33. Edgard Van der Herten, Sint-Lutgart van Tongeren, nr 42

IJzertoren, het grootste vredesmonument in Europa, ter erkenning van de heilige als patrones van Vlaanderen.

**43.** Hier kan overigens vermeld worden dat Lutgart al lang in de IJzertoren aanwezig is. Achter het altaar in de crypte is een eenvoudig, sober gehouden glasraam, karton van Eugeen Yoors, uitvoering door Jan Wouters, in 1958 door het Davidsfonds geschonken: *Lutgart op het slagveld van het IJzerfront.* Helemaal bovenaan vliegende Blauwvoeten. In de bovenste helft Lutgart ten halve lijve, naar rechts gekeerd, misschien te paard. Onder haar duinen en vlakte waarin drie kruisjes zijn geplant (afb. 34). Uit Yoors' familiekring is de volgende toelichting:

> De Blauwvoeten verzinnebeelden de mystieke en idealistische geest van de jonge Vlaamse strijders in de loopgraven aan het front 1914-18. De kruisjes symboliseren het offer dat zij brachten. Lutgart is hun patrones[12].

**44.** Bij wijze van contrast: in de Nationale H. Hart-basiliek te Koekelberg is een Lutgartraam opgesteld dat – vanop de begane grond – een nauwelijks te onderscheiden, traditionele, neogotische Lutgart voorstelt met kruis, rozenkroon en aureool. Eén vierde van de lichtbaan is besteed aan een wapen met klimmende Leeuw.

### De drie jongste getuigen

**45.** In het begin van de jaren '80 creëerde glazenierster Lucia Helchtermans (°1933), zuster van Don Bosco, voor de kapel van het Kinderopvangcentrum van de Zusters van Don Bosco te Kortrijk, een Kruisomarming waarmee ze "het niet gemakkelijk gehad [had], verklapte ze; ze mocht geen lijfelijke omhelzing met Christus voorstellen".[13] Wat ze ontwierp werd met haar instemming als een "Roep der wonden"[14] en als "geheel nieuw in de Lutgarticonografie" bestempeld.[15] We citeren een gepubliceerde beschrijving:

---

[12] DEBOUTTE A., *Sint Lutgart in de IJzertoren* in *Sint Lutgart Schutsvrouwe van Vlaanderen* 10, 1967, p.5-7; p.6.

[13] In een interview met PIRSON L., *Sint-Lutgart en de Vlaamse kunstenaars. De roep der wonden. Glazenier zuster Lucia Helchtermans Groot-Bijgaarden* in *Sint Lutgart Schutsvrouwe van Vlaanderen* 27 nr 4, p. 13-15; p. 13.

[14] Meteen een reminiscentie aan de Nederlandse vertaling van Thomas Mertons *What are these wounds?*

[15] Afbeelding in *Sint Lutgart Schutsvrouwe van Vlaanderen* 29/1, 1987, p. 1.

Centraal staat de jonge Lutgart die het kruis omhelst. Maar dat kruis is geen kruis meer. Het is een levende groen-uitschietende boom geworden met, op de plaats waar we gewoonlijk de Christuskop zien, vijf rode wonden. Het zijn als vlammen uit de stam geslagen, als bloemen uit het sap gebroken. Maar het zijn duidelijk herkenbaar 'wonden'.

"Hoor hoe mijn wonden tot u roepen" zei Christus tot Lutgart.

Rond die wonden kranst een doornenkroon, discreet vaag gehouden. En dat hart van de kruisboom straalt licht uit...

Lutgart wordt niet als kloosterlinge voorgesteld, al draagt ze een wit scapulier boven haar bruinrood kleed. Ze is jong en schoon en waardig!

Onderaan het raam is er wel een fijngestileerde discreet wapperende leeuwvlag; er moest toch ergens een duidelijk herkenningsteken komen.[16]

**46.** In de kerk van het Eucharistisch Hart te Essen[17] bij Antwerpen werd op 11 juni 1989 een houten beeld gewijd. Het is gebeeldhouwd door Bernd Kleine Kruse uit het Duitse Essen-Oldenburg en werd door de kunstenaar aan de Davidsfondsafdeling van de zustergemeente Essen geschonken.[18]

Aan een moniaal herinneren de log neerhangende koormantel en de pij die vanaf de knieën enige stroeve drapering vertoont. Aan een cisterciënzerin herinnert de wijde mouw van de rechterarm (de andere arm heeft zulke mouw niet). De aureool wijst naar een heilige. Maar is zij Lutgart? Volstaan een schild met klimmende Leeuw en een maquette van de IJzertoren met AVV-VVK om van een anoniem beeld een Lutgartbeeld te maken? Ons lijken aan dit beeld niet geslaagd: de veel te lange linkerarm waarvan de hand trouwens de toren niet draagt, doch erlangs glijdt; de te schuine lijn van hals naar elleboog zodat de linkerschouder ontbreekt; de te korte rechterarm en het veel te kleine hoofd.

**47.** De Sint-Antoniuskerk te Heist-aan-Zee bezit in het transept twee prachtige roosvensters. In 1993 werd het maaswerk van het roosvenster aan de noordkant hersteld. Begin december van dat jaar

---

[16] PIRSON L., *Sint-Lutgart en de Vlaamse kunstenaars. De roep der wonden...*, p. 14.

[17] In Essen staat in de tuin van het college van de paters Redemptoristen een bescheiden Lutgartkapelletje; zie DEBOUTTE A., *St. Lutgart te Essen* in *Sint Lutgart Schutsvrouwe van Vlaanderen* 29, 1987, p. 12 met afbeelding.

[18] Verslag in *Kultureel Kontakt Davidsfonds Essen*, juli-augustus 1989; onder de titel *St.-Lutgartverering* overgenomen in *Sint Lutgart Schutsvrouwe van Vlaanderen* 31, 1989, p. 4-8 met afbeelding op p. 4; een kleurenfoto van het beeld in het Ruusbroec Genootschap, Antwerpen.

werd in het sierlijke maaswerk een kleurrijk gebrandschilderd glasraam geplaatst, gift van opdrachtgever pastoor Arnold Van de Sompele.

Het noordelijk roosvenster (25 m²) brengt een eerbetoon aan de zeevisserij en schetst het wel en wee van het vissersbestaan. De rustig-blauwe wateren en hoge, hemelsblauwe luchten gaan geleidelijk over naar dreigender donkerblauw en paars. Het boeiende, doch taaie visserslleven kent naast de vreugde om de goede vangsten ook de dreiging van storm en ontij, en veel vissers (zie ook de honderdtachtig namen op het "In Memoriampaneel") vonden het zeemansgraf. Boeien en bloemenkransen drijven af. Families rouwen. Gelovig Heist schaart zich piëteitsvol rond visserskapel en -monument.[19]

Onder dit roosvenster en ontworpen in dezelfde stijl, gevat binnen gotische spitsbogen, drie brandglasramen met afbeeldingen van de heilige Godelieve, de heilige Arnoldus en Lutgart,[20] deze laatste omdat pastoor Arnold Van de Sompele in de Roeselaarse Lutgartparochie had gefungeerd. Ontwerp en uitvoering door het echtpaar Luc en Ingrid Mestdagh-Meyvaert, resp. ambachtelijk glazenier en grafisch kunstenares.

**48.** De jongste getuige van de Lutgarticonografie: het Lutgartbeeld door beeldhouwer Donaat Van Overschelde (° 1965) uit Esen. Het werd op 21 september 1996 gezegend door Dom Anselmus Hoste, ere-abt van de benedictijnenabdij te Steenbrugge en auteur van het eind 1995 verschenen, handzame boekje *1246-1996 Sint-Lutgart*.[21] Het halfverheven eiken beeld (afb. 35),[22] dat in de Sint-Katharinakerk te Zillebeke staat, werd geschonken door de Davidsfondsafdeling Hollebeke-Zillebeke, mede het bewijs van de bij het Davidsfonds nog steeds levende Lutgarttraditie.

[19] VAN DEN HEUVEL J.G.M., LARBOUILLAT J. & ZAMAN L., *Parochieboek van Sint-Antonius abt te Heist-aan-Zee*. Roeselare 1998; p. 233. Titel op de papierwikkel: *1188-1998. Coudekerke - Heist-aan-Zee. Visserskapel "Ster der zee". Sint Antoniusparochie. Voorgangers en geroepenen.*

[20] Kleurenfoto p. 234 van *Parochieboek van Sint-Antonius...*

[21] Aangeboden door de vrienden van de Kloostergemeenschap Sint-Vincentius, Werken.

[22] Afm.: h. 85 x b 33 cm.

34. Eugeen Yoors, *Lutgart op het slagveld van het IJzerfront*, nr **43**

35. Donaat Van Overschelde, Lutgartsculptuur, nr 48

## Plaatsen

## Vocabularium